国家出版基金项目

NATIONAL PUBLICATION FOUNDATION

"十四五"国家重点图书出版规划项目

中国语言文化典藏系列　组委会

主　任

田学军

执行主任

田立新

成　员

宋　全　杨　芳　刘　利　郭广生　顾　青

张浩明　周晓梅　刘　宏　王　锋　余桂林

中国语言资源保护工程

中国语言文化典藏系列　编委会

主　编

曹志耘　王莉宁　李锦芳

委员（音序）

郭　浩　何　瑛　黄成龙　黄拾全　李云兵

刘晓海　苗东霞　沈丹萍　王　锋　严修鸿

杨慧君　周国炎　朱俊玄

曹志耘 王莉宁 李锦芳 主编

中国语言文化典藏·连州

严修鸿 魏慧斌 著

商务印书馆
SINCE 1897
The Commercial Press

随着现代化、城镇化的快速发展，我国的语言方言正在迅速发生变化，而与地域文化相关的语言方言现象可能是其中变化最剧烈的一部分。也许我们还会用方言说"你、我、他"，但已无法说出婚丧嫁娶各个环节的方言名称了。也许我们还会用方言数数，但已说不全"一胭穷、两胭富……"这几句俗语了。至于那些世代相传的山歌、引人入胜的民间故事，更是早已从人们的生活中销声匿迹。而它们无疑是语言方言的重要成分，更是地域文化的精华。遗憾的是，长期以来，我们习惯于拿着字表、词表去调查方言，习惯于编同音字汇、编方言词典，而那些丰富生动的方言文化现象往往被忽略了。

2017 年，中共中央办公厅、国务院办公厅《关于实施中华优秀传统文化传承发展工程的意见》首次提出"保护传承方言文化"。2020 年，国务院办公厅《关于全面加强新时代语言文字工作的意见》明确提出"科学保护方言和少数民族语言文字"。语言方言及其文化的保护传承写进党和政府的重要文件，具有重要的历史意义。党中央、国务院的号召无疑是今后一个时期内，我国语言文字工作领域和语言学界、方言学界的重要使命，需要我们严肃对待，认真落实。

中国语言资源保护工程于 2015 年启动，已于 2019 年顺利完成第一期建设任务。针对我国传统语言方言文化现象快速消失的严峻形势，语保工程专门设了 102 个语言文化调查点（包括 25 个少数民族语言文化点和 77 个汉语方言文化点），按照统一规范对语言方言文化现象开展实地调查和音像摄录工作。

为了顺利开展这项工作，我们专门编写出版了《中国方言文化典藏调查手册》（商务印书馆，2015 年）。手册制定了调查、语料整理、图册编写、音像加工、资料提交各个阶段的工作规范；并编写了专用调查表，具体分为 9 个大类：房屋建筑、日常用具、服饰、饮食、农工百艺、日常活动、婚育丧葬、节日、说唱表演，共 800 多个调查条目。

调查方法采用文字和音标记录、录音、摄像、照相等多种手段。除了传统的记音方法以外，还采用先进的录音设备和录音软件，对所有调查条目的说法进行录音。采用高清摄像机，与录音同步进行摄像；此外，对部分语言方言文化现象本身（例如婚礼、丧礼、春节、元宵节、民歌、曲艺、戏剧等）进行摄像。采用高像素专业相机，对所有调查条目的实物或活动进行拍照。

这项开创性的调查工作获得了大量前所未有的第一手材料。为了更好地保存利用这批珍贵材料，推出语保工程标志性成果，在教育部语言文字信息管理司的领导下，在商务印书馆的鼎力支持下，在各位作者、编委、主编、编辑和设计人员的共同努力下，我们组织编写了《中国语言文化典藏》系列丛书。经过多年的努力，现已完成 50 卷典藏书稿，其中少数民族语言文化典藏 13 卷，汉语方言文化典藏 37 卷。丛书以调查点为单位，以调查条目为纲，收录语言方言文化图片及其名称、读音、解说，以图带文，一图一文，图文并茂，EP 同步。每卷收图 600 幅左右。

我们所说的"方言文化"是指用特殊方言形式表达的具有地方特色的文化现象，包括地方名物、民俗活动、口彩禁忌、俗语谚语、民间文艺等。"方言文化"是一个新的研究领域，需使用的调查、整理、加工方法对于我们当中很多人来说都是陌生的，要编写的图册亦无先例可循。这项工作的挑战性可想而知。

在此，我要向每一个课题的负责人和所有成员道一声感谢。为了完成调查工作，大家不畏赤日之炎、寒风之凛，肩负各种器材，奔走于城乡郊野、大街小巷，记录即将消逝的乡音，捡拾散落的文化碎片。有时为了寻找一个旧凉亭，翻山越岭几十里路；有时为了拍摄丧葬场面，与送葬亲友一同跪拜；有人因山路湿滑而摔断肋骨，住院数月；有人因贵重设备被盗而失声痛哭……在面临各种困难的情况下，大家能够为了一个共同的使命，放下个人手头的事情，不辞辛劳，不计报酬，去做一项公益性的事业，不能不让人为之感动。

然而，眼前的道路依然崎岖而漫长。传统语言方言文化现象正在大面积地快速消逝，我们在和时间赛跑，而结果必然是时间获胜。但这不是放弃的理由。著名人类学家弗雷泽说过："一切理论都是暂时的，唯有事实的总汇才具有永久的价值。"谨与大家共勉。

曹志耘

2022 年 4 月 13 日

目录

一 连州

（一）概况

连州市位于广东省西北部，小北江上游。东南毗邻阳山县，西南接连南瑶族自治县，西北与湖南省蓝山县、江华瑶族自治县相连，正北面与湖南省临武县交界，东北靠湖南省宜章县。地理坐标北纬 24°37′—25°12′，东经 112°07′—112°47′。全市总面积 2668.52 平方千米。

连州市地处南岭之中的萌渚岭南麓。西有大龙山脉，北有簸箕山脉，东有大东山脉，形成了西、北、东三面山地的地势。中部稍低，均为丘陵地带。属中亚热带季风气候区，一年四季受季风影响。境内河流属北江（珠江支流）支流连江水系。

截至 2021 年末，连州市辖 10 个镇、2 个瑶族乡。户籍人口为 540854 人，常住人口 37.78 万人；境内有民族 28 个，主要民族为汉族，少数民族以瑶族为主。

历史上，连州是粤湘桂三省（区）的接合部，是广东省的西北重镇，又是中原往南粤的主要通衢。自唐宋以来，长期是粤西北的政治文化中心，是历史上广东北上出省的秦汉古道的必经之地。现在是省辖县级市，由清远市代管。

连州有丰富的物产资源。国家农产品地理标志保护产品有连州菜心（2014）、连州水晶梨（2016），国家地理标志保护产品有东陂腊味（2006）、星子红葱（2007）、连州溪黄草（2007）。另外，黄精药酒、白茶、慈姑、荸荠、鹰嘴桃、白菊花、孔塘烟等都是远近闻名的特色产品，品质上佳，有很高的美誉度。东陂水角、连州糍粑、丰阳牛肉干、沙坊粉、星子扣肉、山塘豆腐、连州田螺菜、保安全狗宴等也都是当地久负盛名的美食。

截至 2021 年，连州市有 15 个中国传统古村落、29 个广东省古村落。境内旅游资源有：连州地下河、湟川三峡—龙潭文化生态旅游区、大东山自然保护区、连州天龙峡、潭岭天湖、石兰寨、慧光塔、刘禹锡纪念馆、卿罡古村、东陂石板街、骑田岭古道等。

（二）建制沿革

连州三代（夏、商、周）属荆州，春秋战国属楚，秦属长沙郡。西汉初年（公元前206年）立县，称桂阳县，含今连州、连南、连山三县（市）。三国吴（222—280年）时属始兴郡，晋同吴制。

隋开皇十年（590年），于境内置连州，领桂阳、广泽二县。大业元年（605年），州废，于境内置熙平郡，领桂阳（含今连州市、连南瑶族自治县，下同）、连山、阳山、宣乐（以梁乐县改名，在今阳山县南）、游安（故治在怀集县西）、熙平（故治在连山县西北）、武化（故治在广西象县西北）、桂岭（故治在贺州市东北）、开建（故治在封开县南丰东）等九县，此为连州辖区最大时期。

唐武德四年（621年），复置连州。天宝元年（742年），改连州为连山郡。乾元元年（758年），复名连州。

明洪武二年（1369年）三月，桂阳州省入连州；四月，废连州入连山县，改属韶州府。洪武三年（1370年）九月，革连山入阳山，属广州府。从洪武三年起，连州成为广州府所辖一州十五县中唯一以州连置的地方政权。

民国元年（1912年），废州置县，连州改称连县。

1949年12月8日，连县解放，20日成立连县人民政府。1988年2月28日，划归清远市管辖。1994年4月22日，经国务院批准，撤销连县，设连州市（县级市）。6月18日，举行挂牌仪式，由清远市代管。

（三）行政区划

　　截至 2021 年，连州市辖 10 个镇（连州镇、保安镇、星子镇、龙坪镇、西岸镇、东陂镇、丰阳镇、西江镇、九陂镇、大路边镇）、2 个瑶族乡（瑶安瑶族乡、三水瑶族乡），163 个村民委员会、11 个社区居委会。市政府驻连州镇。

（以上资料整编自连州市人民政府门户网站）

0-1◆朱岗

二 连州方言

（一）概述

据我们的调查研究，与省内其他县市相较而言，连州乃是广东省境内方言种类最多、内部歧异最大的一个县级行政区。连州市地处粤湘桂三省（区）交界，境内有汉族与少数民族杂居的情况。其中汉族操多种方言，历史上曾因长期的自然经济，导致交通闭塞，各地之间交往较少，出现过"邻村不同声，十里不通话"的隔阂状况。今仍保留的汉语方言，有粤北土话（连州片，下文称"连州土话"）、客家话、粤语、官话（西南官话）、闽语（潮汕片）、湘南土话、赣语、吴语等八种。从 20 世纪 30 年代起，粤语（广府片）逐渐在连州境内通用，成为连州市区的社会共同语。

境内的方言，根据通话程度及主要语言特征的划分标准，可以粗分为五类：连州土话、粤语、客家话、官话（西南官话）、其他小类方言岛。

1. 连州土话

连州土话，属一个内部差异较大的话群。《中国语言地图集（第 2 版）·汉语方言卷》（商务印书馆，2012 年），把其划入归属未明的"土话（粤北土话）"。连州土话又可分为星子话、保安话、河村话、丰阳话、西岸话等。

（1）星子话

分布在市境东北部的星子镇（含并入的清江村、潭岭村）、大路边镇（含并入的山塘村）两个大镇，以及保安镇、瑶安瑶族乡、龙坪镇的部分地区，在西江镇的北部有一点点延伸分布，在九陂镇有一个很小的方言岛。

星子话发音独特，它不同于湘语、粤语，与市内邻近地区的方言差异也较大。词汇比较有特点：称"去、往"为"赴"，称"稀饭"为"羹"，称"厨房"为"堂前"，称"外祖父""外祖母"分别为"姥公""姥婆"，称"柚子"为"雷公"，称"玉米"为"六谷仔"，称"臭虫"为"将蜱"，称"这样"为"弿﹦子"，称"怎样"为"蚊﹦子"，等等。

以星子镇为中心，使用人口14万左右。在连州各地土话中，星子话使用范围最广、使用人口最多，具有较大的影响力。星子话内部有些差异，但基本可以通话。本书以星子话作为词条及篇章的标音。

（2）保安话

分布在市境中部的保安镇及龙坪镇的部分地区，使用人口3万左右。在各类土话中，保安话与星子话较为接近。

（3）河村话

当地人称之为"阿B声"。"阿B"是疑问代词"什么"的意思。分布在连州镇区的西部、北部，以及保安镇南部，在西岸镇的东田坪、官埠等地也有少量分布，在连南县的石蛤塘村有一个河村话方言岛。使用人口4万至5万。河村话曾经是早期连州城的主要方言。抗日战争期间，广东战时省会迁至连县后，连州市面上的交际语言才逐渐以广州话为主。

（4）丰阳话

当地人称之为"小蛮声"。分布在丰阳镇及东陂、瑶安等镇（乡）的部分地区，使用人口5万左右。在各类土话中，丰阳话与西岸话较为接近。

（5）西岸话

当地人称之为"大蛮声"。分布在西岸镇内，使用人口3万左右。西岸河谷盆地比较开阔，历史上文教比较发达。

连州土话的词汇具有一致性，主要表现在5个方言点拥有大量共同的方言词。各个乡镇都有一些比较大的族姓，如星子镇、大路边镇和保安镇的欧阳姓，星子镇和丰阳镇的黄姓，连州镇和保安镇的廖姓，大路边镇的成姓、唐姓，东陂镇和西岸镇的陈姓，丰阳镇的吴姓，等等。根据史志、谱牒和民间口碑，除少数族姓外，多数是两宋以来直接或间接从湘赣迁徙而来的。

2. 粤语

（1）四会声

连州本土的粤语。主要分布在西岸镇、连州镇西、龙坪镇、西江镇、丰阳镇及九陂镇等地；全市除了三水瑶族乡、大路边镇没有四会声外，其他地方或多或少都有零星分布。使用人口10万左右。《中国语言地图集（第2版）·汉语方言卷》把它和桂东及粤西的粤语一道划归勾漏片，其形成的历史背景与粤西粤语基本相同。今以西岸镇的清水村、龙坪镇的大坪村、西江镇的宝珠村等地为代表。

（2）广府话

实际上是广州话。抗日战争时期广东省政府及省机关、学校几度迁至连县后，使用广州话的人数日益增加。连州人所讲的广州话，以广州的西关方言为基础，主要通行于市政府所在地连州镇，日常使用人口有数万人。另外，连州各地操当地方言土语的居民也有很大一部分兼通广州话。因广播电视日益普及和各地域人员来往日益频繁，广州话的使用范围逐渐扩大，使用人口逐渐增多，成为连州境内区域性的共同语。

（3）其他粤语方言岛

南海话，分布于西岸镇的黄家洞、溪塘村，使用人口 800 人左右。东陂镇的街区还有谢屋话（东莞南社口音）、关屋话（南海九江口音）、单屋话（东莞石龙口音），是明清时期从东莞、南海等地迁入的广商后裔使用的方言。

梧州话，近似桂东勾漏片的方言，西岸镇龙池村使用，有 1000 人左右。

3. 客家话

除了三水瑶族乡，客家话在连州其他乡镇都有或多或少的分布。主要分布在市境内南部与连南瑶族自治县、阳山县交界的地区，九陂镇的大部分村落，连州镇城西及城南，还有龙坪镇、西江镇、保安镇、西岸镇、东陂镇和瑶安瑶族乡等地的部分地区。就连星子镇、大路边镇这种其他方言极少分布的乡镇，都有客家方言岛的存在。连州客家话的历史来源和使用人口，民国三十八年（1949 年）《连县志》载："凡来自本省惠、湘、嘉、南、始及赣边境各属者，称客家话，全邑计之，客家人约占五成以上。"今连州市的客家人约 12 万人，占全市总人口的 25% 左右。连州各地的客家话差异不大，与连南、阳山等县的客家话大同小异。

惠州话，分布在保安镇的北岭、岭咀、良塘、黄村、清江的西联等地区，使用人口 3000 人左右。河源话，九陂镇的新塘基、樟木墩村有 300 人左右使用。龙川话，九陂镇的田橙村有 200 人左右使用。这几类也属于客家话的分支。

4. 官话（西南官话）

又称为"湖南正字"，是对从湖南境内延伸到连州的官话的统称。连州镇的鸬鹚嘴、翠仙、煤龙（邵阳话）、上置村、朱屋，西岸镇的黄花坪、谭屋，三水瑶族乡的沙岽、水王冲，大路边镇的源潭（临武话），西江镇的耙田等村使用。与湖南省宜章、江华、蓝山、临武等县交界的一些山村兼通此类方言。此外，来自江西及湖南的宁远、安仁、衡阳等部分地区的移民后裔也使用此方言。这些使用者多是楚商和江西药材商在连州的后裔，所操方言与西南官话相互可通。

5. 其他小类方言岛

松柏话，分布在龙坪镇的大围、李屋村，使用人口3000人左右。

元壁话，分布在龙坪镇元壁村、杨塘村及保安镇大冲村，使用人口2000多人。

沙坊话，一种比较复杂的方言，底层是土话，受到四会声的一些影响，连州镇沙坊等村通用，有2000多人。

潮汕话，潮州话，分布于九陂镇的风冲口村及保安镇的程下坪村，有500余人使用。

浏阳话，属于湖南的赣方言，东陂镇香花村的新屋有500人左右使用。

临武话，属于湘南土话，西江镇的马头岗郭姓有400人左右使用。

庆元话，浙南吴语的一种，瑶安镇高其村范姓有200余人使用。

以上各方言、土话之间，差异显著，无法通话。

连州市内的少数民族语言主要是瑶语，主要分布于瑶安、三水两个瑶族乡，约6000人（瑶安约4000人，三水约1670人，杂居于其他地方1000人左右）。他们使用本民族语言，属汉藏语系苗瑶语族瑶语支，自称为"勉"方言，但没有本民族文字，通用汉字。

（二）声韵调

以下以连州土话代表点星子话为准。

1.声母 23 个，包括零声母在内

p 八北爬病白饭　　pʰ 拍派片蜂　　　m 买米门问味　　f 风法快兄肥　　v 温云县横

t 东动豆毒猪　　　tʰ 塔天贴痛　　　n 南年泥脑　　　　　　　　　　　l 六老路龙

ts 接早走酒　　　　tsʰ 七刺罪字谢　　　　　　　　　　s 写四笑酸锡

tʃ 竹张纸争主　　　tʃʰ 车抽初拆茶床　　ȵ 牙瓦软硬牛　　ʃ 书双色树船十

k 古歌高骨橘　　　kʰ 苦近共权　　　　　　　　　　　h 好响哭壳盒鞋

c 沟谷根九急　　　cʰ 局近刻桥去　　　　　　　　　　ç 戏响黑

ø 安鸭有雨叶药

说明：

①老派有 [tʃ tʃʰ ʃ] 和 [ts tsʰ s] 两套对立的塞擦音、擦音声母；新派则不区分舌尖音与舌叶音，只有一套 [tʃ tʃʰ s]。

②有些零声母带明显的喉塞，如：印 [ʔin⁵³]、舞 [ʔu⁴⁴]。

③星子话没有 [ŋ] 声母，古疑母字皆拼细音，读为 [ȵ]。

2. 韵母 44 个

ɿ 丝子祠刺	i 试味纸灰出食	u 过赌该雨盒割	y 去主对猪罪
a 事米色拆白	ia 额逆	ua 乖刮活骨	
o 买怪鞋搭辣			
ɵ 锯动词			
e 七刻北十贼	ie 药一		
ae 尺直锡	iae 易交~		
ɛ 写车节接	iɛi 叶热惹爷	uɛi 桂柜鬼	
ɵy 茄梳雪橘靴	iɵy 越穴月		
ao 宝讨包国郭	iao 熬咬岳		
ɯ 笑桥酒九外	iɯ 有油		
au 豆后口谷六	iau 藕偶肉育		
ou 坐歌茶爬胎	iou 牙瓦		
ɐn 天甜年门温	iɐn 盐延言恩	uɐn 滚棍捆菌蘑菇	
an 兵升病轻兄	ian 仍迎赢		
ɵn 建全权近	iɵn 软原员		
in 心深新近			yn 春云顺
	iɐŋ 张响想		
ɐŋ 灯横争	iɐŋ 硬		
ɔŋ 山饭三床讲	iɔŋ 岩岸眼	uŋ 柑安官半	
ɵŋ 东风龙红	iɵŋ 浓绒容用		
ŋ 五			

说明:

① [iɐŋ] 在拼非零声母时,[i] 介音实际读为 [e]。

② [ɐn] 在 [c cʰ] 声母后读为 [æn]。

③ [ou] 偶有 [ʌu] 的变体。

11

3. 单字调 5 个

阴平	[33]	飞东坐米叶麦
阳平	[24]	肥全茶泥王龙
上声	[44]	早九写短鬼想
阴去	[53]	笑四怪过半痛
阳去	[11]	卖二谢竹八北

说明：

①阴去比较短促。

②若前字读阳平或者上声，后字阳平常有 [44] 变调，如：猴猿 [hau^{24}iɛn$^{24\text{-}44}$]。本书中词汇标实际变调。

三 凡例

（一）记音依据

本书方言记音以星子镇区方言为准。发音人为黄兆星先生，1938 年 10 月生人，韶关北江农业中专，1956 年毕业，20 世纪 80 年代后在连州党史办工作，直至退休。

（二）图片来源

本书收录连州方言文化图片近 600 幅。

照片近半是作者四年来在连州市境内的乡镇拍摄的，也有近半是请廖有道老师拍摄的，黄永强、张仁敏、雷宝珍、廖雪梅、黄山湖、刘保平、吴刚霞、夏爱民、邱贵星等人也提供了个别图片。

（三）内容分类

本书所收连州方言文化条目按内容分为 9 大类 30 小类：

（1）房屋建筑：住宅、其他建筑、建筑活动

（2）日常用具：炊具、桌椅板凳、其他用具

（3）服饰：衣裤鞋帽、首饰等

（4）饮食：主食、副食、菜肴

（5）农工百艺：农事、农具、手工艺、商业、其他行业

（6）日常活动：起居、娱乐、信奉

（7）婚育丧葬：婚育、丧葬

（8）节日：春节、元宵节、清明节、端午节、其他节日

（9）说唱表演：口彩禁忌、俗语谚语、歌谣、故事

如果某个条目可归入多个大类，则归入特殊的类目。例如"水糍"可归饮食、节日，本书归节日。

（四）体例

（1）每个大类在开头先用一段短文对本类方言文化现象做一个概括性的介绍。

（2）除"说唱表演"外，每个条目均包括图片、方言词、正文三部分。"说唱表演"不收图片，体例上也与其他部分有所不同，具体情况参看"玖 说唱表演"。

（3）各图单独、连续编号，例如"1-1"，短横前面的数字表示大类，短横后面的数字是该大类内部图片的顺序号。图号后面注拍摄地点（一般为村级名称）。图号和地名之间用"◆"隔开，例如"1-1◆石兰寨"。

（4）在图下写该图的方言词及其国际音标。

（5）正文中出现的方言词用引号标出，并在一节里首次出现时注国际音标，对方言词的注释用小字随文夹注；在一节里除首次出现时外，只加引号，不注音释义。为便于阅读，一些跟普通话相同或相近的方言词，在同一节里除首次出现时外，不再加引号。

（6）同音字在字的右上角加等号"="表示，例如：蚊⁼子 [mɐn³³tsɿ⁴⁴] 如何。无同音字可写的音节用方框"□"表示，例如：□土 [tʰɐŋ⁵³tʰu⁴⁴] 青石铺就的阶梯。

（7）方言词记实际读音，如有变调、儿化音变等现象，一律按连读音记，轻声调值一律标作"0"上标，例如：有蚊⁼理事个 [mɑo³³mɐn³³li³³ʃa¹¹ka⁰] 不怎么管事的。

（8）同形词用下标"（之一）""（之二）"进行区分，例如："鸡斗（之一）"[ka³³tau⁵³] 鸡窝，"鸡斗（之二）"[ka³³tau⁴⁴] 用来喂鸡的木盆。

壹·房屋建筑

连州旧式的传统民居，多为明清两代所建。虽经历风雨，但不少还保留完好。因其规模庞大，形制雅美，安排布局讲究风水，与自然环境协调，故留存至今。有的甚至成了著名的旅游观光点。比如，您若去寻访那西岸镇的石兰寨、丰阳镇畔水村的大夫第，在潺潺流水的小桥边停驻，在皓月当空下听着蟋蟀低吟浅唱，田园诗意便在眼前浮现。如此大规模的民居，古韵犹存，台阶细雨滴答，花窗雕刻精致，天井鹅卵石铺叠……种种细节无不再现房主曾经的殷实富足与住宅的讲究。即使是那简易的泥砖房子，也能稳稳当当地安立一方，为村民提供舒适自在的居留空间。

连州传统建筑就地取材，多用青砖、石板，坚固耐用。连州的大村子，一般都有四个门楼。门楼围起一个寨子，夜里门楼一关紧，村庄就成了一座具有防御功能的坚固城池。

秦汉古道边，有方便路人停歇的路亭；田间，有抵挡风雨的田寮；村中，有安放了祖宗牌位的宗祠；山里，有香火缭绕的神庙……种种巧妙的布局与设施，各得其所，各异其趣。

20世纪90年代以后，兴起了"火柴盒"式的民居新建筑。这些新式的工业化无瓦民宅，虽然整齐划一、简单实用，但相较于传统民居，则略显单调。那闲云下与青山绿水相互映衬的传统建筑更令人怀念和珍惜了。

1-1 ◆石兰寨

老屋 [lɑo³³au¹¹]

老房子。过去，经济条件好的宗族会建一些砖瓦结构的联排民居；此外，一些古村落传统建筑也保留至今。图 1-1 是基本已经废弃的石兰古寨，保存着数十间清朝年间的古屋。全村共有四座门楼，每一座门楼都用宽厚的青石砖条砌成 1 米多高的基础，基础以上是水磨对缝的青砖；大门的顶上用砖砌成半圆的拱形门洞；门额上镶嵌着青石匾额，悬挂着木制牌匾；飞翘的屋檐下描绘着斑斓的彩画。古寨曾经风光无限，现今能搬走的都已搬走，只留下空空的老房子。图 1-2 是丰阳镇畔水村"大夫第"附近的老房子，近年略有修葺。

泥砖屋 [na²⁴tʃɐn³³au¹¹]

用土坯砖砌成的房屋。土坯砖，当地叫作"泥砖"[na²⁴tʃɐn³³]。挖出田泥，加入增强拉力的稻草，让牛反复踩踏，直至有一定韧度为止，然后放入砖模内压实，脱模后放在通风处晾干，即可做成用来砌房子的泥砖。泥砖屋一般是一层，少数也有两层的。有钱一点的人家，会将泥砖屋两面的表层涂上一层石灰，这个做法叫作"包城"[pao³³ʃan²⁴]。

连州 壹·房屋建筑

高楼 [kɑo³³lau²⁴]

　　砖砌的楼房。结实耐用，美观安全。这种砖楼房子，以前多是殷实的人家才建得起的。

青砖上顶 [tsʰan³³tʃən³³ʃieŋ³³tan⁴⁴]

青砖砌成的楼房。往往在制高点设置一个炮楼,有炮眼,防匪防贼。一般大村望族才会有这种坚固而美观的大房子。

石头屋 [ʃi³³tau²⁴au¹¹]

用石灰石砌墙的小房子,其瓦片也是用石头做成的。西岸镇以"西岸石"[sɑ³³ŋiəŋ¹¹ʃi³³] 片状的石灰石(见图1-12)著名,这类房子以前比较多。

1-7 ◆梅田

茅厂仔 [mɑo²⁴tʃʰiɐŋ⁴⁴tsɑ⁴⁴]

简易的茅草屋。一般设在田地、鱼塘、果园及烟田等旁边，可供农民临时歇息，夜里可以留人监守防盗。

石兰寨 [ʃi³³lɔŋ²⁴tʃʰo¹¹]

古村落。建于明代，位于西岸镇东侧，南距连州市区20多公里。村寨呈弯月形，房屋依村后岳荣岭而建，民居大多是大门、前厅、中门、天井、厅堂和厢房的基本布局。

石兰寨居住着黄、杜、骆三个氏族。村子大体分为南北两大部分，有四座门楼，每一座门

楼的牌匾都记载着先民的来源和先祖的光辉事迹。

南宋绍兴二年（1132年），岳飞率八千精兵由桂入粤，在石兰寨修筑军事基地，一举击败曹成十万之众的叛军。2009年，石兰寨被评为第一批广东省古村落；2014年，成为第三批列入中国传统村落名录的村落。如今，村子已经凋敝，亟须保护，目前已无人居住。

连州·壹·房屋建筑

堂前 [tɔŋ²⁴tsʰen²⁴]

　　厨房。厨房内一般有灶子。灶子上有两个铁锅，一个是"前锴"[tsʰen²⁴tʃʰɑŋ³³]，用于炒菜做饭；另一个是"后锴"[hau¹¹tʃʰɑŋ³³]，可利用灶内余热来烧热水及保温。灶子上方有灶君神位，贴上红纸，年前要送灶，年三十要接灶。灶子的前面有铲灰的"香匙"[çien³³tʃʰi²⁴]和夹送柴火的铁钳。厨房常见的设施还有砧板、碗橱等。

西岸石 [sɑ³³n̩iɔŋ¹¹ʃi³³]

　　西岸镇出产的一种片状石灰石。耐用，成本低。建造一些简易的房子时，可将它铺在椽子上当作瓦片来使用，以前有个特产谚语"东陂马蹄西岸石，三江草鞋连州屐"，其中提到的"西岸石"就是这个独特的建材。

两倒水 [lieŋ³³tɑo⁴⁴ʃy⁴⁴]

双面坡，屋顶两面有斜度的瓦坡。瓦坡做好后，放上栋梁，就叫"封栋"[fəŋ³³təŋ⁵³]。这个时候要举行一个仪式，并将糍粑送给邻居，庆祝一番，图个好彩头。

明瓦 [man²⁴ȵiou³³]

屋顶上装的玻璃瓦。多装在缺少窗户的密闭空间，用来透光。

杉树皮 [ʃou³³ʃy¹¹pi²⁴]

粗大杉木的树皮。剥开后，摊开晒干，可取代瓦片，盖在不那么紧要的简易房子的上方，如猪圈、工棚等，以遮风挡雨。

1-14 ◆冲口

骑楼 [cʰi²⁴lau²⁴]

一种近代传入的商住建筑。其底层沿街面后退，留出公共人行空间。可挡避风雨侵袭、烈日照射，也可供人品茗聊天、纳凉会客。连州南门中山南路左右两排的骑楼，建于民国时期，沿街处用立柱支撑，上楼下廊。

1-16 ◆连州街

1-15 ◆卿罡

石墙 [ʃi³³tsʰieŋ²⁴]

一种以卵石为基础的墙面。以石灰浆、红壤土、泥沙作为黏合材料砌成，多用于厕所、猪圈等简易建筑物。

推龙门 [tʰy³³ləŋ²⁴mɐn²⁴]

旧时有钱人家的一种防盗门。木门之外再设置一个由十几根横梁构成的门，也有通风透气的效果。

1-17 ◆连州街

1-19◆星子街

1-20◆湟津坪

门闩 [mɛn²⁴ʃən³³]

大门后的木棍，夜间闩门时要插上。

门括 [mɛn²⁴kʰuɑ¹¹]

大户人家大门上的门环。多为黄铜制造，环底通常有一些装饰性的花纹。来客敲门，只要叩击门环发出响声即可。

门槛 [mɛn²⁴cʰɐn³³]

门框下部挨着地面的横木，也叫"门脚枋"[mɛn²⁴ce¹¹fəŋ³³]。一般用石头制成；也有用木板的，但不耐用。"门槛分人踩□[kou³³]磨损"比喻多人来访。旧时，小儿遇到惊吓，父母去"捞魂"[lɑo³³vɛn²⁴]叫魂回来时，要在门槛上敲击三下，并大声喊孩子的名字。当地人认为这样做后，孩子的魂魄就会回来了。

1-18◆卿罡

石鼓 [ʃi³³ku⁴⁴]

石墩，多做成雕花鼓状。在祠堂、会馆、门楼等建筑前方的左右各竖放一个。被视为承载着美好寓意的吉祥物。

石狮子 [ʃi³³ʃi³³tsɿ⁴⁴]

石狮。旧时摆放在衙门等需要显示威严的地方，被认为可辟邪。少数祠堂前面也有。

连

州

堂

·

房

屋

建

筑

1-24 ◆ 卿罡

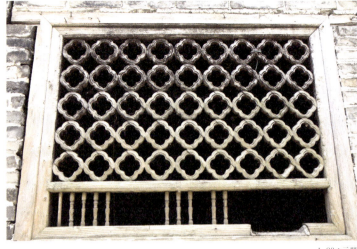

1-23 ◆ 元壁

木光窗 [mau¹¹kɔŋ³³tsʰəŋ³³]

旧式房子内的木窗，一般有一些美观性的装饰。窗子多数比较小，位置一般也高过人头。外面是单数的窗棂；里面有可以开关的窗门，平时开着，以便透气与透光。

花光窗 [fou³³kɔŋ³³tsʰəŋ³³]

有花式图案的木窗。多见于大户人家的老房子，既通风透亮，也比较美观。

篱笆 [li²⁴po³³]

栅栏。扎在菜地周围，防止牲畜、家禽侵入的一种设施。一般由木头、棍子、竹子或芦苇构成；有一种被叫作"铁篱笆" [tʰɛi¹¹li²⁴po³³] 的灌木，也可以作为篱笆的构筑材料。

1-26 ◆ 鱼田

天井 [tʰɐn³³tsan⁴⁴]

宅院中的露天空地。一般在客厅的前方。房顶有个留出的空口,以便透光;下方是一个相应的方井状承水区,以及一个走水的出口。

杉树簕 [ʃou³³ʃy¹¹le³³]

杉木带刺的枝叶,异常尖锐。可以做篱笆,防止小动物进菜园;也可以当作柴火来烧。

村坊 [tsʰɐn³³fɔŋ³³]

村子。连州的村子，一般在河边或者有大水井的地方，村子以背有靠山、前有曲水、地势开阔为佳。墟镇的村子，杂姓比较多；山区的村子，多数是单姓，同姓一家亲。村子里即使没

有土地庙，也必定有一个宗祠。每个村子的土产乃至民风各有特色，有产荸荠的"四方城"，有产草鞋的"洋洞坪"，有出产甘蔗的"湾村"，有专门挑石灰的"上庄"，有以红枣、柑橘出名的"三家店"，有以大萝卜知名的"黄村"等。

1-29◆大小龙

单家独户 [tɔŋ³³kou³³tau³³vu¹¹]

只有一户人家的房子。连州各地村落以群居为主，这样人多可以互助，更有安全感。单门独户的情况旧时多见于田庄，供长工们居住。

飞檐 [fi³³iɛn²⁴]

传统建筑中的檐部形式，多指屋檐，特别是屋角向上翘起的檐部。四角翘伸，若飞举之势；形如飞鸟展翅，轻盈活泼。连州比较美观的传统古建筑中，多有这个设计。

金字架 [cin³³tsʰ ɿ¹¹kou⁵³]

　　由三排大横梁支撑小梁的结构。多用于面积比较大的传统建筑中，远看像汉字"金"，故名。

连州　壹·房屋建筑

1-32 ◆洛阳

1-33 ◆袁屋

跳手 [tʰɪu⁵³ʃɪu⁴⁴]

斗拱。一种设在屋檐下的建筑构件，由屋子檐柱或墙上伸出，以托住屋顶挑出的外檐，主要起承重与支撑的作用。虽然斗拱只是单一的木材，但是工匠多将其加工美化，使其具有各种各样的造型。

柱墩 [tʃʰy⁴⁴tɐn³³]

木柱子底下的柱础，常有一些装饰性图案。作用是支撑立柱、防潮。丰阳话叫作"宝柱石"。

大板梯 [to¹¹pɔŋ⁴⁴tʰo³³]

大房子内由木板拼成的楼梯。其梯级是单数的 9 级、11 级、13 级等，人们认为这样可与双足阴阳相配。板梯多设在大户人家，虽然没有扶手，但比手梯（见图 2-29）稳固、安全；小户人家则常用手梯攀登。

1-34 ◆元壁

1-35 ◆东村

粪槽 [pen⁵³tsʰɑo²⁴]

　　农村传统的厕所。下方有个存储粪便的槽坑或大缸，上方架着木板，人蹲在木板上解手。早先的农村厕所不分男女，没有厕纸时用篾片代替。相关的俗语有"粪槽个马卵牯"，指粪坑的鹅卵石，又臭又硬，形容人固执；"占紧粪槽冇屎屙"，指占着茅坑不拉屎；"屎急挖粪槽"，指临时抱佛脚。

1-36 ◆石兰寨

狗窿 [cau⁴⁴ləŋ⁵³]

　　狗洞。关闭门户时，供示警防盗的家犬进出的小洞。设置在靠近门下方的一侧墙根。

1-37 ◆马河

猪栏 [ty³³lɔŋ²⁴]

　　猪圈。以前农户多会养猪，一家一个猪圈。猪圈内有一个"分猪" [pɛn³³ty³³]喂猪的大木槽，叫作"猪株" [ty³³tau³³]，要定期清理。现在农村养猪的也少了。

牛栏 [nɹu²⁴lɔŋ⁴⁴]

　　牛圈。过去农户大多会养几头耕牛，一般都在一些废弃的旧房子内圈养。平时会在牛圈里放一些茅草、干稻草喂牛，吃剩的就垫在牛圈的底部，用于和牛粪混在一起。到了一定厚度，就要"出牛栏粪" [tʃʰi¹¹nɹu²⁴lɔŋ⁴⁴pɛn⁵³] 将牛圈内的粪草混合物取出。当小孩在餐桌上过多地夹起青菜或肆无忌惮地大口吃菜时，大人就会说："你系出牛栏粪吗？"意思是责怪小孩未能斯文地从菜碗中夹菜。

1-39 ◆马带

鸡斗 (之一) [kɑ³³tau⁵³]

　　鸡窝。一般设在废弃的房子或者人居住的偏厦里。用木板钉制而成，有一扇可以拉开的门，让鸡在晚上进去休息。栅栏悬空，透气，以便保证清洁干爽。"斗" [tau⁵³]是凑集的意思，引申为巢穴、窝宿。

1-38 ◆连坪

1-40 ◆卿罡

水井 [ʃy⁴⁴tsan⁴⁴]

开采地下水的工程构筑物。以前几乎每个村子都有口大水井，连州所见的这些水井多数是没有围栏的。井的延伸处，会设一些洗菜、淘米及洗衣服的位置（见图 1-41）。井水冬暖夏凉，水质比河水干净。冬天水少时，村民会共同"洗井" [sa⁴⁴tsan⁴⁴] 清理井内杂草、污物等。图 1-40 是"八角井" [po¹¹kao¹¹tsan⁴⁴]，多见于大村。

1-41 ◆东村

水埠头 [ʃy⁴⁴puˡˡtau²⁴]

　　河边洗衣服、挑水的地方，一般没有台阶。以前洗衣服多不用手搓，而是在衣服上抹上"茶枯" [tʃʰou²⁴ku³³] 茶籽渣粕后，只在河边的石条上用脚踩踏。洗衣服的多是女子，水埠头也成了村妇们拉家常的地方。若有某某不实的传闻，人们常常会质疑："系唔系埠头听来个 是不是河边洗衣处听来的？"

巷仔 [hɔŋ¹¹tsɑ⁴⁴]

　　小巷子。一般以石板铺成，一侧有水沟，下雨时路面仍可保持整洁。

石板街 [ʃi³³pɔŋ⁴⁴ko³³]

用青石板铺就的街道。青石板，属于石灰石性质，古道也常用这个材料铺成。东陂镇有一条两百多米的石板巷道，铺设于民国时期。道路中间用"西岸石"（见图 1-12）铺成，两边用鹅卵石镶砌，整齐光亮。因其长且窄小，也被叫作"狗肠街"[cau⁴⁴tʃʰieŋ²⁴ko³³]。

大路 [to¹¹lu¹¹]

古驿道。古道上铺了青石板，中途设有许多驿站和凉亭，供路人歇息。连州境内的古驿道有两条：一条是骑田岭古道，修建于秦汉时期，从湖南郴州出发，经连州市山塘镇顺头岭村，通往广州番禺，是当年秦将任嚣、赵佗挥师岭南的通道；另一条是自丰阳镇至东陂镇的古道，辟于唐代，明清时期是湖南来往广东的重要通道。

千百年来，古驿道是历代游宦、商贾往返中原与连州之间的重要陆地通道。直至民国时期，往来古道、肩挑物资的过往客商仍络绎不绝。

连州　壹·房屋建筑

□土 [tʰaŋ⁵³tʰu⁴⁴]

青石铺就的阶梯,位于村庄内的斜坡上。青石是一种比较贵的石材,但西岸镇的潘屋村本身靠近石山,可就地取材,因此多见。

凉亭 [lieŋ²⁴tan²⁴]

建在路旁供行人休息的小亭。连州位于湘粤边界,有许多著名的古道,沿路有许多供行人以及"担脚" [tɔŋ³³cɛ¹¹]挑夫歇脚的凉亭。民国时期,星子古道旺季每天有上千挑夫经过,盐、豆豉、煤油、海产、洋货等由此往北进入湖南,而猪、桐油、灯草、黄麻等土货则从湖南进入广东。

图1-49的长安亭位于西岸镇凤岭与龟蛇岭交接处,是连州通往清水、湖南省江华等地的必经之路。此亭建于清代乾隆年间,占地面积约60平方米,高约5米,呈长方形,南北朝向两头通,属石木结构。

亭仔 [tan²⁴tsa⁴⁴]

村子里的简易亭子。支柱与框架多为木头。用于村民休憩、聊天、带孩子玩耍。

龙船亭 [ləŋ²⁴ʃən²⁴tan²⁴]

放置龙舟的亭子。多设立在离江河不远的地方。亭子长条形，四处通风，便于龙舟快速风干。

连州 壹·房屋建筑

门楼 [mɛn²⁴lau⁴⁴]

大村子四周设有门的牌楼式建筑。一般有东南西北四个，其中南部的是大门。门楼内部有两排可供休憩的石凳，加上门楼前面的平地，构成了一个公共活动空间。门楼是一个重要建筑，设立前要请风水先生确定位置、朝向以及安置的时间，设立时也要宰牲祭祀。旧时，大村门楼起着防护的作用，夜晚东西南北各个楼门都要关上，防匪防虎患。门楼上方的两个孔叫作"凤眼" [fəŋ¹¹niɐŋ³³]。

门楼坪 [mɛn²⁴lau²⁴pɑn²⁴]

门楼前面的一块平地。多为半圆形，前方常有一个水塘。是村子里的一个公共活动空间：儿童在此嬉戏，大人在此乘凉、聊天；舞狮活动也常在此举行；添了新丁的，要于春社那天在此分送"展糍" [tʃɛn⁴⁴tsʰʅ⁴⁴] 糯米糕，意味着代代相传。

燕喜牌坊 [ɐn⁵³çi⁴⁴pɔ²⁴fɔŋ³³]

　　建在连州市燕喜山前面的一座著名牌坊,有一百三十多年的历史。早先是燕喜书院的大门,抗战时期书院改为"燕喜学校",该牌坊遂成为校门。牌坊中门顶上绘有学校校徽。校徽为平顶三角形,里面上部有巾峰山轮廓,下部有通心美术字"燕喜"二字,为书法家杨芝泉所设计。校徽右侧有"燕",左侧有"喜"。牌坊右门的顶上有"鸢飞"二字,左门的顶上有"鹏抟"二字。中门两侧设有一副对联,上联"吏部文章高北斗",下联"连州水石冠南陬"。牌坊对联在"文革"时期曾被人有意覆盖起来,20世纪80年代重修时被发现,因而重见天日。燕喜牌坊因历史久远、风格独特,于2011年7月被连州市政府定为文物保护单位。

榨油铺 [tʃou⁵³iɯ²⁴pʰu⁵³]

压榨茶油、花生油等食用油的作坊。图1-54、1-55均为东陂镇卫民村的油铺，其工具主要有水车（见图1-55）、磨碎茶籽的转盘（见图1-54）、撞击油饼的大树筒（见图1-55）等几个部分。压榨茶油的工序主要有"辘茶仔" [lau³³tʃʰou²⁴tsa⁴⁴]利用水车拉动转盘将茶籽碾碎、"蒸茶仔" [tʃan³³tʃʰou²⁴tsa⁴⁴]把碾碎的茶籽放到木桶里蒸熟、做饼、撞击出油等环节。

拱桥仔 [kəŋ⁴⁴cʰɪu⁴⁴tsɑ⁴⁴]

单拱的石桥。形体简单，跨度小。多建在比较小的溪流上，构成了乡间的独特景观。

拱桥 [kəŋ⁴⁴cʰɪu²⁴]

大型多拱的石桥，跨越在较宽的河面上。据资料，境内先后建有石拱桥84座。大型的五拱桥，星子镇有两座，丰阳镇、西岸镇各有一座。其中星子镇的五拱桥，名为"陶母桥"，位于湘粤古道上，相传建于明代中期，其立于水面中间的四座桥墩前尖后齐，既减轻河水的冲刷力，又具有稳定的承重性。

1-58◆清水

木桥 [mau³³cʰɪu²⁴]

用几根木头搭建在一起的小桥,架在溪涧上。

石板桥 [ʃi³³pɔŋ⁴⁴cʰɪu²⁴]

一种平铺的石桥。桥墩面向上游的部分是尖的,方便破水;面向下游的一端是平的,以起到稳固承重的作用。石板厚实但多数不宽,一些高大且跨度大的石板桥行走起来存在一定风险,因此有些女性不敢过这种桥。

1-60◆箭缆

铁索桥 [tʰɛi¹¹sɑo¹¹cʰɪu²⁴]

两端牵起铁缆，中间用铁绳子悬空拉起桥面做成的桥。特点是用铁链组成，桥面铺设或悬吊在铁索上。图1-59为斜拉索桥，此类桥可以在河道中不设或少设桥墩，建造比较简单方便。

木架桥 [mau³³kou⁵³cʰɪu²⁴]

简易的木桥。全桥以木架为支柱，两面撑起，搭上横梁，横梁上架起木板，即成。

地窖 [ti¹¹kɑo⁵³]

地下储藏室。储藏从地里挖取的姜、地瓜、萝卜等作物。大的有一定深度，需要借助梯子上下。打开时，需要先通风透气，避免二氧化碳中毒的危险。

枪眼 [tsʰiɐŋ³³ȵiɒŋ³³]

炮楼内的一种设置。由坚固的石头打成，外窄里宽，方便由里向外射击。旧时大村为了防匪，在村庄的四周设置了炮楼，楼内可以让枪手守卫。

炮楼 [pʰɑo⁵³lau²⁴]

　　旧时一种防卫性建筑。见于大村，设在地势高处，以青砖砌墙，有三四层高。主要是防土匪。若有来犯者，哨兵便吹起海螺角，提醒全村。炮楼内也配备了鸟枪等武器。

跳墩 [tʰɪu⁵³tɛn³³]

小溪上摆放的方形石墩。方便行人在非洪水时期踩着过河,省事简便,比起建桥要容易得多。

青石板 [tsʰɑn³³ ʃi³³pɔŋ⁴⁴]

铺在路上的石板。质地坚硬,多为当地极其常见的石灰岩块。街道及南来北往的要道常用这种石板铺路。

1-66 ◆清江

拦河坝 [lɔŋ²⁴hou²⁴pou⁵³]

引水灌溉用的一种分水设施。在溪流的一段用石头或混凝土拦住大部分，留两个出水口：一个主流出水；一个分流，引水进入灌溉用渠。

燕脚仔窠 [ɐn⁵³ce¹¹tsɑ⁴⁴fou³³]

燕子窝。燕子是一种益鸟，来到人家的屋檐下做窝，一般被认为是好事，不会遭到驱赶。燕子窝在一些宽敞通风的老房子内也很常见，甚至连住着好几窝燕子。

1-68 ◆西岸街

1-73◆湾村

修桥 [sɪu³³cʰɪu²⁴]

　　搭建渡桥。搭桥，有时是长期性的大工程，比如建造拱桥；有时是临时性的，比如图1-73这种在冬天铺就的简易工程——只在不太深的河水中垒好石墩或沙包，架上拼好的木梁，就可以供人渡河。

大水砖 [to¹¹ʃy⁴⁴tʃən³³]

　　土坯砖，也叫"泥砖"。一般在秋冬收割后"炼泥"[lɐn¹¹nɑ²⁴]，将田泥混上稻草，让牛踩踏以增强凝固性，放入专用砖模内压实，成型后晾干即可，无须暴晒。一般用于次要的房子，如猪圈、牛圈。

拾瓦 [ʃɛi³³ɲiou³³]

　　整理屋瓦，也叫"拾漏"[ʃɛi³³lau¹¹]。将破碎的瓦片替换，将移位的摆正。一般在春天初雨发现漏水的地方后，请师傅来做。

1-70◆上河

1-72◆深水洞

奠基 [ten^{11}ci^{33}]

　　建房子时最初的一个仪式。由风水先生凭借"罗盘"[lou^{24}puŋ^{24}]定好方位,根据阴阳八字等选好良辰,然后将基石放定安置好。

升梁 [ʃan^{33}lieŋ^{24}]

　　建筑活动中的一个重要程序,将栋梁升起、安置。需要依照风水先生挑选的日子与时辰来举行。升梁时,大梁要扎上红布。风水先生在升梁时会念念有词,说一些吉利话来讨口彩。

连州　卷·房屋建筑

　　现代社会的日常用具以塑料、铝合金为基本材料，虽多了几分简便与坚固，可也少了几分亲切自然。所幸在连州人的生活中，传统农业社会的各式器具仍常看得到。只要你走入农户家里，细心观察、留意这些日常器具，就能感受到一种悠然自得的生活情怀。

　　连州是林业大县，境内多竹、木。当地人因地制宜，用它做成各种各样的器具，如畚箕、斗笠、竹扫、火笼、菜篮、饭箩、锅盖、木桶、碗柜、鸡斗、食格等。坛坛罐罐，则多是彩釉陶器，如酸菜缸、咸春缸、瓮缸、药煲、酒埕、茶壶等。

中国语言文化典藏

日常用具与生产方式关联。"一日春耕三日粮"，农时宝贵，农妇或孩童常常拎着防风防虫的饭箩，把饭菜送给地里劳作的农民。那风里来雨里去送饭箩的身影，诉说着农民是多么珍惜农时！那些牛骨做成的刮痧弓，有几分豪迈与壮观，背后凝聚的是劳作的艰辛与疗伤的智慧。

日常用具也反映了当地的饮食偏好和生活百态。连州人嗜酸，家家户户都备有腌菜的酸菜缸；炸制形形色色的灯盏糍，则少不了形似灯盏的铁皮小斗；制作沙坊粉，则需滚筒、粉托、平底铁皮锅；熏制丰阳牛肉干，则离不开铁篱和砧板。

2-3◆清水

灶 [tsao⁵³]

灶子，做饭的设备。图2-3的灶子有四层，最上方是灶神的供位，第二层是灶台，中间是入柴生火的口子与炉膛，下方是放柴火的位置。

2-1◆星子街

铁铛 [tʰɛi¹¹tʃʰaŋ³³]

铁锅，也叫"铛"[tʃʰaŋ³³]。旧时是农家的重要家产，分家时一家分一口锅、一筒碗、一扎筷子。铁锅破损出现小洞时，当地人会用豆豉临时填入补上，以应急用。

铛盖 [tʃʰaŋ³³ku⁵³]

锅盖，多用木头做成。连州的锅盖多数如图 2-2 所示，形如半个木桶，立起来有高出的部分，方便留出空间来蒸菜。

单灶 [tɔŋ³³tsao⁵³]

只放一口锅的灶子。通常比较简陋，用于煮水或者烧猪潲水等。

2-2 ◆清水

2-5 ◆连州街

2-6 ◆马带

线缁婆 [sen⁵³tsʅ⁵³pou²⁴]

丝瓜络。老了的丝瓜,晒干除去外壳及种子后,其粗纤维可拿来擦洗锅碗瓢盆,自然、干净,除污效果好,且不容易损坏器物。

铁篱 [tʰɛi¹¹li²⁴]

烤牛肉干用的圆形铁网。由铁线织成网状,下置柴火,上置牛肉。是丰阳牛肉干作坊中常见的器具。

2-8 ◆磨刀坑

碗 [uŋ⁴⁴]

装饭菜的器皿。大的叫作"斗碗"[tau⁴⁴uŋ⁴⁴],装菜;小的是饭碗;碗有缺,叫作"崩碗"[paŋ³³uŋ⁴⁴]。吃饭时,饭碗要求摆放端正,或手捧牢固,而不能敲打。如果小孩手上的碗不慎落地碎裂,有客人在场时,大人就要说句口彩"落地开花",以缓和气氛。分家时,碗的个数要成双,比如六个或者八个。"做事眼反反,食饭捧大碗",说的是做事不勤快,但吃饭打冲锋。

2-9 ◆东陂街

饼印 [pan⁴⁴in⁵³]

做月饼及其他米、面糕点的模子。用硬实的木头雕刻而成，中间有个下陷的凹处，底部有花纹。可将米粉、面团等放入，压好成型。俗语说"系一个饼印出来个"，形容某两人面容相似。

曲箕 [cʰau¹¹ci³³]

桌罩。以竹篾编成，可以透气。放在饭桌上盖住饭菜，防止蚊虫、苍蝇等污染食物。

连州 ｜ 贰·日常用具

橱柜仔 [tʃʰy²⁴kʰuɛi¹¹tsɑ⁴⁴]

厨房内靠墙的立式木柜。上方有门，可以放旧菜；下方无门，叫作"碗廊" [uŋ⁴⁴lɔŋ⁴⁴]，用来摆放碗碟等。

筷子筒 [kʰo⁵³tsɿ⁴⁴təŋ²⁴]

筷筒，放筷子用。一般用竹筒做成，也有用瓷、陶做成的。底部有孔，可以滴水沥干。固定在厨房的墙壁上。

牛骨刀 [ȵɪu²⁴kuɑ¹¹tɑo³³]

牛排骨做成的刀具。选取宽大的牛排骨，水煮多次，晒干，取其半截，用锉刀修平磨亮。可以拿来做锅铲、"汤雷公" [tʰɔŋ³³ly²⁴kəŋ³³] 剥柚子皮。

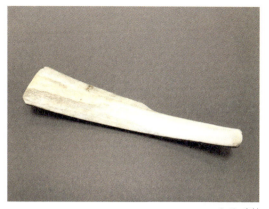

2-13◆东村

2-14◆西岸街

墩板 [tɛn³³pɔŋ⁴⁴]

砧板。用扁平的木板做成，杉木、杂木均可作为材料。当地人认为，如果直接在灶子上切菜会惊扰灶神，因此切菜必须在厨房内的砧板上完成。

墩头 [tɛn³³tau²⁴]

用于砍切肉骨的厚实砧板。多用松木做成，因为松木不怕水，且当地容易获得。用毕要清洗晾干，不然会有"墩头屎" [tɛn³³tau²⁴ʃi⁴⁴] 砧板上遗留的肉碎发酵后形成的腐败物的味道。"墩头唔平刀唔利"，比喻争执中的两头都没道理。

2-15◆东村

煤饼 [mi²⁴pan⁴⁴]

煤球。将煤炭粉与黄土加水混合后，用模子压制成蜂窝状，即成。晾干后，可用作炉灶的燃料。在 21 世纪前，城镇居民用得较多，后随着液化气、天然气的普及，就鲜有人烧煤球了。

2-18 ◆连州街

茅柴 [mɑo²⁴ʃo⁴⁴]

柴火的统称。因多数以茅草、铁芒萁为主，故名。小树枝，叫作"柴仔" [ʃo²⁴tsɑ⁴⁴]；较大的木柴，叫作"柴棍" [ʃo²⁴kuɐn⁵³]；铁芒萁，叫作"冬芒" [təŋ³³miɐŋ²⁴]，本地烧得比较多。

柴堆 [ʃo²⁴ty³³]

　　山区成堆存放的柴火。多数堆放在空地上，上面常盖上杉木的厚树皮，以遮挡雨水；也有堆放在墙角的。用柴火烧成的饭如今成为了一种思乡之物，连州城内有部分店家以"农家柴火饭"为特色，吸引怀旧的食客。

六谷仔梗 [lau³³cau¹¹tsɑ⁴⁴kɑŋ⁴⁴]

　　玉米秆，玉米去除种子后留下来的梗。因为数量较多，容易获得，且秸秆硬直，容易燃烧，方便捆扎。晒干后可作柴火，也可扎篱笆用。

连州　贰·日常用具

2-20 ◆华村

2-21 ◆连坪

竹筒柴 [tʃau¹¹tən²⁴ʃo²⁴]

短竹片。常见于竹子比较多的山村。点燃后火比较旺，火力足，因此常被当作柴火使用。

2-22 ◆石梯

松鸡婆 [tsʰən²⁴kɑ³³pou²⁴]

松树的果实。干裂后，农户收集起来用作柴火。有些连州土话也把它叫作"松树鸡" [tsʰən²⁴ʃy¹¹kɑ³³]。

2-24 ◆大园

条凳 [tɪu²⁴tieŋ⁵³]

　　长凳,用杉木做成。一般放在饭桌的一侧,供两人坐。此外,有的简易床铺也用这种凳子支撑床板。

竹椅仔 [tʃau¹¹i⁴⁴tsɑ⁴⁴]

　　用厚篾做成的小竹椅。结实而轻便,易移动。可坐着干活或聊天。

凭椅仔 [pieŋ¹¹i⁴⁴tsɑ⁴⁴]

　　有靠背的椅子。图 2-25 是比较矮小的,放在家里供干杂活时坐用;略大一点的靠背椅,则可以放在厅内,供客人坐。

2-23 ◆洛阳

2-25 ◆清水

凳仔 [tieŋ⁵³tsɑ⁴⁴]

小凳子。没有靠背，矮小厚实，便于移动。供人在家里干杂活、做家务（如择菜）时坐用。

石板凳 [ʃi³³pɒŋ⁴⁴tieŋ⁵³]

石板做成的长凳。以长条形的青石板为原料做成，底下用石头垫起。一般安置于门楼、凉亭等公共场所内。

2-28 ◆西岸街

树墩 [ʃy¹¹ten³³]

用木桩做成的凳子，也叫"木墩"[mau³³ten³³]。杂木锯成段，高几十厘米，平面用于蹲坐。优点是牢固扎实，缺点是不轻便、不易移动。"同树墩一样"，形容人不灵活、死板。

手梯 [ʃiu⁴⁴tʰo³³]

可以移动的梯子，用竹、木做成。攀高取物用。梯级必须是单数，比如 7、9、11 等，因为当地人认为这样能与双手双脚奇偶搭配、阴阳协调。

猪肉桌 [ty³³ȵiau³³tʃɑo¹¹]

卖猪肉的案板。一般用防水的松树木头做成，构成一个宽大而厚实的工作平台。"肉桌上个的肉"，比喻任人宰割。

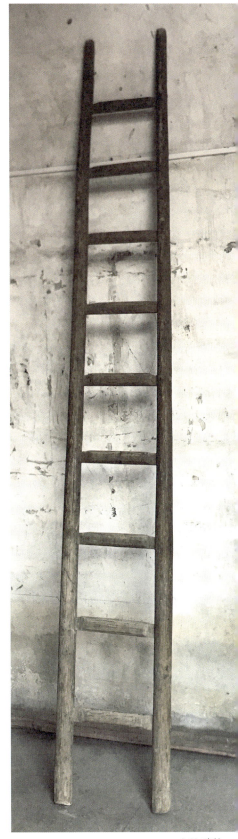

2-30 ◆西岸街　　　　　　　　　　　2-29 ◆东村

2-31 ◆华村

床 [tʃʰɔŋ²⁴]

　　床铺，一般以杉木的木料做成。当地对床有很多讲究：床板的数量宜奇数，如 5、7、9 等，忌偶数；床的一头不能对着房门；安床的日期也不能随便；铺设婚床时，还要请当地被认为命好的老年人来布置，说些吉利话。"公婆冇有_{没有}隔夜仇，床头争交_{吵架}床尾和"，指的是夫妻难免争执，但是床笫之间总能重归于好。向丈夫挑拨其他妇女是非的妻子，叫作"床头鬼" [tʃʰɔŋ²⁴tau²⁴kuɛi⁴⁴]。床铺还有个戏称，叫作"四脚寨" [sɿ⁵³cɛ¹¹tʃʰo¹¹]。

2-32 ◆大园

脚盆 [cɛ¹¹pɐn²⁴]

　　大木盆。以前一般人家用来洗澡。现在因人们多在浴室洗澡，脚盆就有了其他用途，如大型宴会后用来洗碗筷。

2-33 ◆西岸街

竹扫 [tʃau¹¹sɑo⁵³]

长柄扫把。将竹枝尾梢扎紧制成，比较牢固耐用。可用来扫硬地板及晒谷。

木粟扫秆 [mau³³sau¹¹sɑo⁵³kuŋ⁴⁴]

高粱穗脱粒后做成的扫把。轻便，接触面比较柔软，家里常用。连州旱地多，种植的高粱也多，取材方便，因此这种扫把农家很常见。图2-34是家里在用的，图2-35是在街头成捆地摆卖的。

2-34 ◆清水

2-35 ◆星子街

三脚叉 [soŋ³³ce¹¹tʂʰou³³]

　　晾晒衣物、被子时用的支撑架子。三根竹子或木棒叉开，接合处以粗布条扎紧。在两个三脚叉之上架一根长竹篙，即可晾晒衣物。

竹叉 [tʃau¹¹tʃʰou³³]

撑起竹竿用以晾晒衣服的架子，带短叉。常与"竹篙"[tʃau¹¹hɑo³³]竹竿搭配使用。"一梗竹篙压一船人"比喻不会说话，得罪一大片；"十八梗竹篙打唔倒边"比喻关系疏远，不搭界。

灯盏 [tɑŋ³³tʃɔŋ⁴⁴]

油灯。以前的油灯用的是桐油、豆油等，后来改为"火水油"[fou⁴⁴ʃy⁴⁴iu²⁴]煤油。灯盏有个防风的灯罩，中间有吸引油气的灯芯。电灯出现后，油灯也少见了。不过作为长明灯，有些地方还在使用。

2-39 ◆右里

马灯 [mou³³taŋ³³]

一种可以手提的油灯，配有防风罩。使用的是煤油，适用于野外作业。

火铛 [fou⁴⁴tʃʰaŋ³³]

火盆。以前将弃用的铁锅或搪瓷脸盆作为火盆，用有四个支撑点的厚实杂木板子围住四边。火盆里放置木炭，冬天用来烤火。大家围在一起，一边聊天一边"炙火铛" [tʃae¹¹fou⁴⁴tʃʰaŋ³³]烤火盆是冬日里的一件乐事。

2-41 ◆清水

2-40 ◆东村

熏衣篓 [fen³³i³³lau⁴⁴]

竹篾编成的罩子。扣在火盆上，用于冬天太阳少的时候烘干尿布、衣物等。

火笼 [fou⁴⁴ləŋ²⁴]

一种手提的暖手器。将竹篾做成一个篮状外壳，内置陶钵，钵内盛装炉膛里残余的木炭，炭的上方覆盖些炉膛灰，盖上有网状铁丝的盖子，可以通气并传热。到了寒冷的冬天，村民常常拎着，用以温暖手腕与手指。尽管现在的热水袋多了，但是这种传统的手炉还能见到。

2-42 ◆姜田

葵扇 [kʰuɛi²⁴ʃen⁵³]

蒲扇。由蒲葵的扇状枝叶制成，质轻，价廉，用于夏天扇风纳凉。当地有个顺口溜："扇子好凉风，时时在手中；若是来借扇，问过老太公。"意思是扇子扇起凉风，总是抓在手中；若有人来借扇，须问过我老太公。

2-43 ◆华村

2-44 ◆清水

酒埕 [tsɿ⁴⁴tʃʰan²⁴]

发酵米酒用的陶制坛子，多放置在阴凉处。一个大坛子可以装十几斤的白米酒。

2-45 ◆东村

酸菜缸 [suŋ³³tsʰu⁵³kɔŋ³³]

浸泡酸菜的坛子。连州人喜食酸菜，几乎家家户户都有几个这样的坛子。坛子上方有个倒扣的陶钵作为盖子，盖上时添上水，以阻隔空气。加了盐与水的酸菜就在缺氧条件下发酵。一般浸泡三五天就可以捞取切片，放点辣椒粉与熟油，即可食用。当地浸泡的酸菜种类很多，有萝卜、辣椒、菜心、空心菜梗、嫩笋、嫩姜、豆角、芥菜头等。泡后的酸菜汁留着下次继续用。暑热的天气，也可泡杨梅，泡好后配上凉茶，是解暑佳品。

中国语言文化典藏

2-46 ◆连州街

2-48 ◆博物馆

咸舂缸 [ʃen²⁴tʃʰin³³kɔŋ³³]

　　用于腌制咸鸭蛋的陶制坛子。里外都上釉，是农家常见的坛子。将稻草灰、盐水放到缸内，与鸭蛋一同浸泡，一个月左右即可将鸭蛋煮熟食用。连州多鸭蛋，故腌制咸蛋很常见。

木箱 [mau³³siɐŋ³³]

　　旧时存放衣物的木制箱子。长近 1 米，高 50 厘米左右，一般都要上锁。用樟木板榫头镶嵌做成，樟木含有樟脑成分，可以防虫。

瓮缸 [əŋ⁵³kɔŋ³³]

　　陶土烧制、表层过釉的大水缸。自来水缺乏的年代，村民多从河里、水井里挑水回家，大水缸是每家厨房必备的容器，用于储水并沉淀杂质。十天八天要清洗一次。

2-47 ◆连州街

2-49◆连州街

衣柜 [i³³kʰuɛi¹¹]

用于存放衣物、棉被的柜子。由杉木板构成，外涂油漆，较高，有锁。以前富裕人家嫁女时，常常作为嫁妆送给女儿。

2-51◆西岸街

菜篮 [tsʰu⁵³lɔŋ²⁴]

主要用来盛菜的篮子。一般由竹篾编成，结实耐用，可漏水通气，环保干净。农户家里常有五六个。可用于洗菜、洗衣服；吃剩的饭菜，也常常放在菜篮里挂起来，可防老鼠啃咬。

2-50◆东陂街

2-53◆东村

饭箩 [pɔŋ¹¹lou²⁴]

细小竹篾编成的带盖小扁篮。直径 30 厘米，高 20 厘米左右，有提手。一些劳作地点距家较远，可用它拎带饭菜。也用于走亲戚时装礼品。

鸡斗（之二）[kɑ³³tau⁴⁴]

用来喂鸡的木盆。一般较为简易；有些复杂点的会在上方设置一个框架，鸡头能自由伸入伸出，但是狗猫等却无法探入。

藤篓 [tieŋ²⁴lau⁴⁴]

用藤编织而成的背篓。有两根肩带，可以背在背上装东西。藤网较疏，轻便，赶集时可用来盛装不太重的东西。北部靠近湖南省边界的瑶族地区使用得比较多。

2-52◆瑶安

2-54 ◆东村

2-55 ◆瑶安

竹筒 [tʃau¹¹təŋ²⁴]

家用的大型筒状竹制容器。由完整毛竹的一节做成，锯开的一端削去部分竹皮，正好用来做盖子。用来放米，或装些小器物。

铁盅 [tʰei¹¹tʃən³³]

舂药成粉的一套工具。由木制舂杵、皮制镂空环套、铁制盅身组成。把一些块状、颗粒状的药材放入盅身内，用舂杵将其碾压成粉末。套住舂杵的皮制环套可防止药末溅出来。

药煲 [ie³³pɑo³³]

熬中药汤剂的砂锅。有盖，带柄。为了充分利用，一剂中药一般可以煎熬 2 次。"老药煲" [lɑo³³ie³³pɑo³³] 用于喻称老病号。

2-56 ◆东陂街

2-57 ◆华村

2-58 ◆星子街

盲锤 [maŋ²⁴tʂʰy²⁴]

木槌子。女子洗衣时用于敲打厚重的衣服、被子等。

潲大棒 [ʃao⁵³to¹¹paŋ³³]

驱赶家禽家畜的竹器。将细竹的一端破开，分成几瓣，以之敲击地面，发出的响声尖锐而杂乱，禽畜听见后会跑走。一般人家用来赶鸡鸭，星子一带也用它来赶猪仔。

老鼠榨 [lao³³ʃy⁴⁴tʃou⁵³]

木猫，灭鼠的器具。多为木制，内设机关。在木板底部放上诱饵，老鼠为吃到诱饵，踩到夹板，触动机关，顶部的木槌落下，砸压老鼠。田间也有用砖头搭起的类似的捕鼠装置（见图 2-60）。

2-59 ◆博物馆

2-60 ◆大冲

2-61 ◆ 下东

茶壶 [tʃʰou²⁴vu²⁴]

　　泡茶的器具。以前，连州农家平时喝用沙梨叶泡成的凉茶来解渴，只有奉神或者招待贵客时才用茶壶冲茶。当地喝绿茶比较多。大的茶杯叫作"茶盅"[tʃʰou²⁴tʃən³³]。

2-62 ◆ 东村

啷口盅 [lɔŋ³³cʰau⁴⁴tʃən³³]

　　口杯。"啷口"[lɔŋ³³cʰau⁴⁴]是漱口的意思。口杯最早用去皮的竹筒制成；民国以后有用搪瓷制杯的，优点是光滑干净，缺点是破损后会生锈。近些年也少见搪瓷的了，人们多用塑料口杯代替。

2-64 ◆ 博物馆

木桶 [mau³³tʰən⁴⁴]

　　杉木片箍成的水桶。完好的用于挑水；用得有点废旧时，可拿来装喂猪的潲食；浇菜时，可用于装沤积过的尿液等。

刮痧弓 [ko¹¹ʃou³³kəŋ³³]

用牛排骨做成的刮痧器。农民劳累疲乏时，常认为是身上有"痧" [ʃou³³] 毒气，湿气，需要刮痧，把毒气排出来。刮痧方法有几种：有用刮痧弓来刮的，这个适合刮宽大的脊背；有用碗、汤匙等来刮背部的；也有用食指与中指关节来拔眉心的；以前的挑夫，腿部肿胀时，就在茶亭歇脚，用杉木的带刺针叶击打肿胀的腿肚子，以放血的办法来驱痧，其坚毅豪迈让人叹服。

2-63 ◆东村

2-65 ◆东村

尿桶 [nɪu¹¹tʰəŋ⁴⁴]

盛装尿液的木桶。常常放在床头、门角落。"屙尿屙桶边"指的是陪嫁的老婆婆教导新娘，夜间小解时要尿到桶内边缘，不要在桶中间，以免动静太大，显得粗鲁。"半夜尿桶"比喻可要可不要的器物，如"要就拉我，不要就半夜尿桶，一脚踢开"。

草索 [tsʰao⁴⁴sao¹¹]

棕叶或席草编成的绳子，水浸软后用于捆扎。可直接绑东西或包棕等；遇到散装的物品，在没有塑料袋之前，人们会先用纸或植物叶包裹物品，然后用它进行捆绑，方便提着。

2-66 ◆西岸街

叁·服饰

与其他各地汉族相比，连州自己独特的服饰不多，加上现代服饰的流行，其越发趋同。只在北部的瑶安、三水的瑶族村落，部分老妇及幼童的服饰还保留着一些传统服饰的特点。本章以汉语方言区的文化为主，用部分条目如"大襟衫""鸭舌帽""猫公鞋仔""颈链""手抠"等来介绍一些汉族的服饰。

因连州地处粤北山区，冬季天冷风大，故当地有戴帽习惯。中老年男性常戴"鸭舌帽"。此外，与其他汉族地区的"虎头鞋"不同的是，当地幼童刚学会走路时穿的是猫头样式的"猫公鞋仔"。

乡村劳作，那些兼有防风防雨功能的蓑衣、斗笠，也构成田野劳作时村民独特的穿着风景。旧时在山间劳作时，草鞋很常见；尤其是南来北往的挑夫，穿着草鞋负重前行，更成为连州古道上动人历史的见证。连州木屐，历史上是出了名的，我们有幸拍摄到制作的场景，与读者分享。

3-1 ◆连州街

大襟衫 [to^{11}c^{h}in^{33}ʃɔŋ^{33}]

　　旧时一种侧面有纽扣的女式上衣。用星子镇所产的"本经布" [pɐn^{44}kɑŋ^{33}pu^{53}]家庭作坊生产的机织布裁缝而成。圆矮领，袖口收边。以蓝、黑、灰色为主。讲究的上衣还会在下摆绣边。

蓑衣 [sou^{33}i^{33}]

　　用棕纤维编织而成的雨具。蓑衣厚实，春寒料峭时，在农田耕作，一件蓑衣可以遮风挡雨，且有一定的保暖效果。九陂镇一带棕树种植较广，加工蓑衣的作坊也比较多。"雨天个蓑衣，愈荷披挂愈重"，比喻某些负担越来越重。现在罕见，已被"尼龙纸" [ni^{24}lɐŋ^{24}tʃi^{44}]透明的塑料薄膜或雨衣代替。

中国语言文化典藏

一 衣裤鞋帽

94

帽 [mao¹¹]

　　帽子。连州位于广东的西北部，冷天较多，因此戴帽的人不少，尤其是老人。"颗高山帽"的意思是戴高帽子，比喻奉承别人。

鸭舌帽 [o¹¹ʃɛi³³mao¹¹]

　　也叫"工人帽" [kəŋ³³n̠in²⁴mao¹¹]。帽的前檐与帽子缝制在一起，看起来像鸭子的扁舌，故名。一般中老年男性在秋冬以后戴上御寒。

冷⁼巾 [lan³³cin³³]

　　羊毛织成的围巾。连州地处粤北山区，冬天寒风大，因此不少老年人会系上围巾保暖。

中国语言文化典藏

3-6◆龙潭

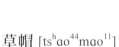

3-7◆西岸街

笠头 [lɑe³³tau²⁴]

斗笠。多为尖顶，一般以细竹篾织成，中间夹有箬竹的叶子，表面涂上桐油，便于疏水。用于防雨防晒。主要由本地篾匠制成。

草帽 [tsʰao⁴⁴mao¹¹]

用麦秸编织而成的凉帽。用于夏日遮阳，比较透气、轻便。通常由工厂批量生产。

猫公鞋仔 [mao²⁴kəŋ³³ho²⁴tsa⁴⁴]

刚学会走路的幼童穿的一种软布鞋。手工制作。前头缝成猫头的样子，故名。

3-9◆连州街

3-8◆东陂街

鞋垫 [ho²⁴ten¹¹]

放在鞋内的衬垫。旧时经济条件不富裕，衣物破旧不穿后，还能继续发挥作用。农家将其洗净、晒干、剪开，卸下门板，用糨糊将旧布粘在门板上。一层糨糊、一层旧布，反复粘贴好几层。干透后，剪成鞋面或鞋垫样式，妇女用粗针大线反复缝制，做成鞋面、鞋底、鞋垫等物。冬天棉鞋内垫入鞋垫，有吸汗、保暖及舒适之效。

3-11 ◆连州街

3-10 ◆连州街

连州屐 [lɛn²⁴tʃɪu³³kʰɑe³³]

连州木屐。鞋底用白花木、泡桐木、苦楝木做成；鞋面用棕线、胶皮、棉布等做成，有些讲究的还会绣上花朵、云彩等图案。具有通风、透气、爽脚的特点。清朝时期已风行，至今已有几百年历史。连州木屐远近闻名，有俗语："三江草鞋连州屐。"意思是三江镇的草鞋及连州镇的木屐是上品。

3-12 ◆星子街

草鞋 [tsʰao⁴⁴ho²⁴]

以干稻草为材料做成的鞋，有的也混入烂布条。用专门器具辅助，手工编织而成。草鞋穿起来走路轻便，但不很耐穿，所以主要用于挑担、上山时穿着。以前星子镇的洋洞坪几乎全村人都从事编织草鞋的行业。旧时湘粤古道上的挑夫"上走湖广^{湖南}下走州^{广州}"，常常穿着草鞋。草鞋烂了，挑夫们习惯把烂草鞋挂到茶亭的横梁上，据说这样可以抛却疲倦。

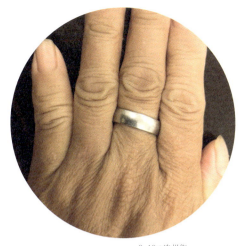

3-13 ◆连州街

戒指 [ka⁵³tʃi⁴⁴]

一种戴套在手指上做纪念或装饰用的小环,用金银或玉石等制成。一般戴在无名指或中指上。

颈链 [kan⁴⁴lɐn¹¹]

项链。一种女子常用的装饰物,材质以黄金、白金及白银为主。连州星子镇街区在民国时期有几家"打银铺" [tou⁴⁴ȵiɐn²⁴pʰu⁶³],可提供打项链的服务。

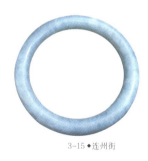

3-15 ◆连州街

手抠 [ʃiu⁴⁴hau³³]

手镯。以金银及玉石为原料做成的镯子。戴手镯有美观及祈求平安顺利的用意。中老年女子戴得比较多。

3-14 ◆连州街

肆·饮食

　　连州虽地处广东省西北一隅，但食材丰富，美食远近闻名。连州所产的牛肉、慈姑、荸荠、红瓜子、菜心、水晶梨等，在省内外都有比较高的知名度。不论是名厨大菜，还是家常小菜，连州菜肴可以称道的着实不少，如扣肉、嫩姜炒子鸭、丰阳牛肉干、星子牛肉面、沙坊粉等。

　　连州的主食以米制品为主，其中用米浆蒸熟晒干做成的"沙坊粉"闻名遐迩。米浆、米粉做成的各种糍类，品种非常多，如白角糍、牛肉糍、粽糍、艾糍、减仔糍等。

　　连州菜肴口味有几个鲜明的特点：腊、辣、酸。

　　连州制作腊味的传统有几百年历史。秋冬西北风一吹，家家户户腊味飘香。连州

中国语言文化典藏

腊制品家喻户晓，尤其是东陂镇的腊味，如腊猪肉、腊鸭、腊鱼、腊狗、腊肠、腊蛋、腊猪脚、腊排骨等，都为人津津乐道。

因为靠近湘南，连州人，尤其是西北角的星子镇、大路边镇一带，三餐吃辣非常普遍，什么菜肴都要添加点辣椒。配主菜的味碟，碎辣椒也是少不了的。

连州人喜食酸菜也是出名的，家家户户几乎都有几个制作酸菜的坛子。人们平时把酸菜当作零食，酸豆角、酸笋是餐桌上常见的菜肴。

近几百年，客家人迁徙到连州各地，他们带来了多种酿菜，如酿豆腐、酿苦瓜、酿三宝、酿蒲食菜等。

4-1 ◆连州街

糯米饭 [nou¹¹ma³³pəŋ¹¹]

糯米焖烧而成的饭。一般在大铁锅内制作，锅内放入洗净的糯米，加适量清水直接焖烧。表面水分散尽、米饭半熟时，在饭面上再铺一层炒过的腊肉碎，放点香菜，盖上锅盖继续焖烧。熟透后搅拌均匀，即可食用。端午前后较多人食用。偶尔吃觉得美味，吃多了会觉得腻，且容易腹胀，故胃疼者不宜多吃。

4-3 ◆红楼宾馆

菜怉羹 [tsʰu⁵³pu²⁴kaŋ³³]

干菜与米一起煮成的稀饭。当地认为这种稀饭吃起来不但有浓郁的菜叶香气，还可以除湿健脾。"怉" [pu²⁴] 是干的意思，干菜，星子话叫作"菜怉" [tsʰu⁵³pu²⁴]（见图4-64）；煮成糊状的食物，星子话叫作"羹" [kaŋ³³]，如当地有一种常见的玉米糊叫作"麦羹" [ma³³kaŋ³³]。

4-2 ◆东陂街

腊肉饭 [lo³³ȵiau³³pɔŋ¹¹]

腊肉与米饭一起做成的食物。腊肉洗净，切成丁状，爆炒后与半熟的米饭混在一起放在砂锅里蒸熟，最后撒上葱花。因东陂腊肉很有名，所以这道饭很常见。

牛肉面 [ȵɪu²⁴ȵiau³³mɛn¹¹]

星子镇的特色面食，常于早餐时食用。旧时店铺备好手工打制的面条，客人自己在附近的牛肉摊买好切割过的新鲜牛肉，店家依照客人的要求将其切成薄片，加入面汤内。店铺内备好常用的酸菜、辣椒酱等，供客人取用。客人支付加工费以及面条费。星子牛肉面的特色是味道鲜美，因为是客人从牛肉铺中买的现割牛肉，确保新鲜。不过现在为了顾客省事，店铺也会统一准备牛肉。汤面也可配蔬菜，叫"杂菜面" [tsʰo³³tsʰu⁵³mɛn¹¹]。

4-4 ◆星子街

肠粉 [tʃʰieŋ²⁴fen⁴⁴]

　　近年来从珠三角广府地区传入的大米食品，常作为早餐食用。米浆中加入肉末、鸡蛋等搅拌均匀，入铁盘后大火猛蒸。蒸熟后刮下，倒入适量酱油调味，即可食用。肠粉本是珠三角地区流行的早餐，近年来也流行于连州城区街头。

沙坊粉 [ʃou³³fəŋ³³fen⁴⁴]

著名的传统特产，也叫"切粉"[tsʰɛi¹¹fen⁴⁴]干米粉、"沙坊切粉"[ʃou³³fəŋ³³tsʰɛi¹¹fen⁴⁴]。产于连州镇沙坊村，以颜色洁白、粉质细腻、久煮不烂、入口爽滑而扬名。

制作沙坊粉的大米，要碾两遍，第一遍去米皮，第二遍去粗胚。再放入该村村侧的大龙河中浸泡，一直到提起来没有一滴浊水淘米水颜色发白、手摸着爽滑时，才上磨打浆。米浆以手指搓起来细滑、不涩手为佳，这样在"锡托"[sae¹¹tʰao¹¹]镀锌铁盘上蒸成的"粉皮"[fen⁴⁴pi²⁴]才油润、洁白。热粉皮晾凉后，切成细条并晾干，后用禾秆捆扎。沙坊粉用温水浸泡后，或炒或煮，粉条不散不烂。

连州

肆·饮食

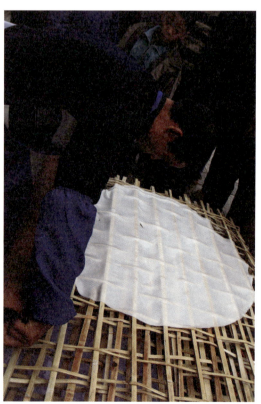

蒸粉 [tʃan³³fen⁴⁴]

　　制作切粉的一道工序。大米浸泡一晚后磨制成浆，均匀地淋在平底锅上，放在大锅里隔水蒸熟。然后将粉皮用滚筒卷着取下，放到竹器上晾晒。半干半湿时，切成粗条，就成了"沙河粉"[ʃou³³hou²⁴fen⁴⁴]，扎好即可出售，是当地著名的食品；如果切得更细一些，并于晒干后团成一捆一捆，之后出售，则叫作"切粉"，当地以沙坊出产的切粉最为有名。

4-10◆阁桥

哝⁼粉 [nəŋ¹¹fɐŋ⁴⁴]

湿的米粉，也叫"沙河粉"。"哝⁼"[nəŋ¹¹]是湿的意思。将米浆放在托盘上蒸熟，然后用竹筒卷起来，再摊放在藤编席子上晾至半干，最后切成条，包装出售。湿米粉体积上比干米粉略粗大，口感比较新鲜，但不易久存。

豆沙饼 [tau¹¹ʃou³³pɑn⁴⁴]

以豆沙为馅料做成的饼。以星子镇生产的最为著名，连州城区的豆沙饼商铺都用"星子豆沙饼"做牌子。馅料多用绿豆沙做成，也有用红豆沙的。豆子浸好后，先蒸熟，然后在锅里用热茶油煎熬，搓烂后，混入红糖。面粉加水和好，切成块状，放在模子里压制成型，填入豆沙后以炭火烘烤而成。豆沙饼吃起来甜香可口，表皮酥脆。

4-11◆星子街

4-12 ◆东陂街

4-13 ◆连州街

白角糍 [pa³³kao¹¹tsʰ ʅ²⁴]

一种用米粉皮包馅做成的角状点心。东陂镇的比较有名，当地叫作"水角糍"[ʃy⁴⁴kao¹¹tsʰ ʅ²⁴]。在大锅内把米浆加热，边烧边用木杵擂成糍。半熟后，取下糍，配上一些生粉，捏成糍皮，包上用荸荠碎、瘦肉、葱花、冬菇碎等做成的馅料，每片糍皮还要放进一粒白胡椒。之后把包裹住馅料的糍皮捏成角形，叫作"水角"[ʃy⁴⁴kao¹¹]。一个个"水角"放在小圆筛上，放进锅里隔水蒸20分钟，取出。吃的时候，蘸点"味碟"[mi¹¹tei³³]蘸料（见图4-60）。这种连州版的北方饺子吃起来嫩滑、鲜香，常作为早点。

焦底 [tsɿu³³ta⁴⁴]

锅巴。连州传统上做饭用铁锅，不用饭甑蒸饭。锅内放米后，加水煮上一段时间，半熟时，舀去一些米汤水，然后在上头架上支架蒸菜，底下继续用火。等米饭全熟，锅底自然结出锅巴。此时取走蒸菜，铲起干饭，剩下就是香脆的锅巴。若加上一些米汤水，就成了"焦底羹"[tsɿu³³ta⁴⁴kaŋ³³]。火候要控制好，刚有锅巴时得停火，不然会烧焦过度。据说锅巴适合胃寒的人吃，上火的人则少吃为佳。

4-15 ◆连州街

云吞 [vɐn²⁴tʰɐn³³]

馄饨。特点是皮薄馅足、粒小味美。肉馅由猪肉、冬菇、葱花、胡椒、盐等组成。做法一般有两种：一种是蒸熟上桌，配一个味碟；另一种是放在骨头汤料里煮熟吃。以前是富裕人家才能常吃的美食，现在人人都可吃到。

六谷仔 [lau³³cau¹¹tsɑ⁴⁴]

　　玉米。连州常见的谷物，广泛种植于各乡镇的旱地，不少地方曾当作主粮。干品脱粒后浸透磨碎，加水后或蒸或煮，做成玉米糊，加上盐、糖等调味品，就成了"麦羹"，可当作饭餐食用。玉米秆子含有糖分，当地孩童也拿来当作甘蔗啃吃；玉米叶子可以喂牛。

荷叶饭 [hou²⁴iɛi³³pɔŋ¹¹]

　　用荷叶包着蒸熟的米饭。荷叶宽大而圆，稍厚而质软，是一种理想的食物包装品。

　　将大米淘洗，加入猪油和适量水，上屉用旺火蒸熟，取出晾凉，拌入盐、胡椒粉调味；将猪肉切成丁，加油、盐、料酒、胡椒粉炒熟，掺入淀粉做成馅；然后将饭、馅拌在一起，用荷叶包成包袱状，上屉用旺火蒸约5分钟，熟透即可。取出揭开荷叶，便可食用。荷叶饭有荷叶的特殊香气。

连州

肆·饮食

萝卜墩 [lɑo²⁴pi³³tɛn³³]

萝卜糕。主要原料是米浆。将盛有米浆的铁制柱状容器放入沸油锅中，米浆炸至金黄色成形；随后加入煮熟的萝卜碎、辣椒粉、葱、香菜等馅料，再次入锅油炸；最后在上方添加少许米浆，再炸一遍封口。刚出锅的萝卜墩热气四溢，外脆里嫩，口感香酥，在寒冷的冬天吃起来特别过瘾。

炸艾糍 [tsou⁵³n̠iou¹¹tsʰʅ²⁴]

一种用艾叶和糯米粉做成的油炸糕点。艾叶用开水漂洗，滤去苦汁后磨制成浆，加糖与糯米粉混合，搓成扁圆形的丸子，有的还会在表面撒上"麻仔"[mou²⁴tsɑ⁴⁴]芝麻粒，最后入锅油炸即可。

4-19◆西岸街

豆沙油糍 [tau¹¹ ʃou³³ iɾu²⁴ tsʰɿ²⁴]

　　一种有馅的油炸糯米团。将生、熟两种糯米粉掺水混合，搓成丸子，填入馅料，外表沾上芝麻后油炸即成。馅料一般用豆沙，也有的是花生碎、白糖等。连州当地人一般在节日、红白喜事时会做来吃，或馈赠亲友。平时街头也买得到。

4-20◆星子街

4-21◆星子街

牛肉糍 [n̠ɹu²⁴n̠iau³³tsʰŋ̍²⁴]

　　一种用糯米制成的糕点，是"灯盏糍"[tan³³tʃɔŋ⁴⁴tsʰŋ̍²⁴]的一种。在扁圆形灯盏状的铁勺中先铺上一层浓稠的米浆，随后加入馅料，馅料是用盐、姜丝、蒜苗等腌制过的牛肉，再加入一层米浆封口。然后放入油锅炸，米糍快成形时脱离勺子，漂浮在沸油中继续炸制。空出的勺子可继续制作后续米糍。连续制作七八个左右，炸好一起捞出来。

　　连州人常在冬天制作牛肉糍，遇到春节等节日、红白大事、房屋竣工时，也会做来吃。牛肉糍也是连州人供奉神明的常见食物，很多农妇做了牛肉糍，都会先在神明面前奉上。

减仔糍 [kɔŋ⁴⁴tsɑ⁴⁴tsʰŋ̍²⁴]

　　一种油炸米糕。"减"[kɔŋ⁴⁴]是拨动、拨出去的意思，因为这种米糕比较小巧，易于用筷子夹住拨拉。干糯米粉混入葱花、藕碎，加水揉成条，用刀切成段，放入油锅炸成金黄色即可。减仔糍原料常见，制法简单，是一种经济实惠的小吃，农村的酒席上常见。

4-22◆上河

冬粉 [təŋ³³fɐn⁴⁴]

糯米或黏米做成的淀粉。冬季来临后，连州农户常常将米浸泡后磨成米浆。米浆过滤沉淀后，倒掉表面的余水，取出底部淀粉，晾晒成块状，储存起来。客人来时，方便做成汤圆或糕点来招待。

4-23 ◆西岸街

薯干仔 [ʃy²⁴kuŋ³³tsɑ⁴⁴]

红薯干。红薯不易储藏，为此农户在秋冬之际常做成红薯干来储存，以备日后食用。基本做法是：红薯切片，置大锅内稍煮，一熟就捞起，放在竹托上晒干，以便长期储存。图4-24是正在晾晒的红薯干。食用时，取红薯干入蒸锅蒸熟，或油炸为成品，或直接吃也可。

4-24 ◆上河

白豆腐 [pɑ³³tau¹¹pu¹¹]

压制成型且未经油炸的豆腐。白豆腐可以配鱼头，做成酸辣汤；或两面热油煎黄，加点肉碎、葱花，也是一道常见的菜。

水豆腐 [ʃy⁴⁴tau¹¹pu¹¹]

一种表皮油炸过的豆腐。豆腐略微油炸至表皮酥脆，随即捞出，放入水里浸泡存放，故名"水豆腐"，也叫"水浸鬼"[ʃy⁴⁴tsɐn⁵³kuɛi⁴⁴]。特点是里面软嫩而表皮香脆，添入馅料则可以做成酿豆腐，平时吃火锅以及年节都常用。以大路边镇的山塘水豆腐最为有名。

泡豆腐 [pʰɑo⁵³tau¹¹pu¹¹]

豆腐泡。空心的油炸豆腐。豆腐泡对半切开后，加入豆豉、辣椒，蒸制后食用；也可以填入馅料做成酿豆腐。

腐竹 [fu¹¹tʃau¹¹]

豆浆制品。将豆浆上的浮皮捞起，晾干即成。以色泽鲜黄、大块完整、韧度好者为佳。当地多拿来油炸，用作配菜及汤料。

鸡公糖 [kɑ³³kəŋ³³tɔŋ²⁴]

用公鸡模型压制成的糖块。将白糖与淀粉做成公鸡的样子，用一根棉线悬挂着卖，是儿童喜欢的玩具食品。目前连州只有一户人家专门做鸡公糖的，在节日摆卖。

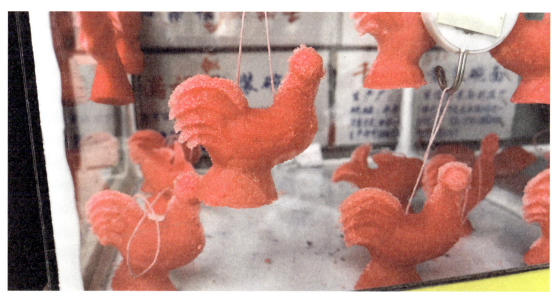

连州　肆·饮食

4-30◆西岸街

散装酒 [sɔŋ^{44}tʃɔŋ^{33}tsɪu^{44}]

散装的低度白米酒，也叫“水鬼头”[ʃy^{44}kuɛi^{44}tau^{24}]、“渧汗水”[tɑ^{53}huŋ^{11}ʃy^{44}]。普通大米蒸成米饭，加入酒曲发酵，蒸馏后得到米酒。夏天可作冷饮直接饮用，冬天要加热喝。散装酒市场销量大，并且酒糟可以喂猪，一举多得，故当地有“爱要想富，蒸酒磨豆腐”一说。

浸药酒 [tsɐn^{53}ie^{33}tsɪu^{44}]

将中药材浸泡在高度米酒中做成的药酒。常用的中药材有金樱子、山蜂、毒蛇、蚂蚁、五指毛桃、松藤根、杜仲等。旧时以“虎骨酒”最为有名。

4-31◆石马

酒糟 [tsɪu^{44}tsɑo^{33}]

酿酒剩下的残渣。可以用来糟制肉、鱼等，多数情况下拿来喂猪，很多作坊都是酿酒、养猪一条龙生产。

4-32◆清水

藤婆茶 [tieŋ²⁴pou²⁴tʃʰou²⁴]

用当地一种野生的藤本植物（显齿蛇葡萄）做成的白茶，多为饼状。将白茶叶捣成细腻均匀的茶浆，然后用篾箍将茶浆定型，置烈日下暴晒一天，待水分稍干后放阴凉处风干。脱箍后，一片片直径6厘米大小的藤婆茶饼便成型了。藤婆茶冲泡后味道甘甜，特别适合夏季饮用。

4-33 ◆连州街

烟丝 [ɐn³³sɿ³³]

晒好或烤好的烟叶切成的细丝，用于个人卷烟或者烟斗。尚未切好的烟叶叫作"烟皮"[ɐn³³pi²⁴]；剔去肉叶剩下的叶脉和叶梗叫作"烟骨"[ɐn³³kuɑ¹¹]，可以肥田。家里用菜刀切烟叶，大规模的则用铡刀切。切好的烟丝，旧时老农用风干了的猪尿脬来装着，以保持水分，防止霉变。

连州不少丘陵地带是红页岩土质，适合种植烟草。当地种烟已有很长的历史，以龙坪镇孔围村一带出产的"孔塘烟"[kʰɐn⁴⁴tɐn²⁴ɐn³³] 为上品。

沙梨叶 [ʃou³³li²⁴iɛi³³]

豆梨的叶子。叶子的味道有点涩、甜，清洗晒干后，可作为凉茶原料煮水饮用。夏天时，农家常常装满一茶罐，放在家里备用。连州各乡镇的街头都能买到。

4-34 ◆星子街

4-35 ◆新陂洞

119

雷公 [ly²⁴kəŋ³³]

柚子。柚子春天开花，香气浓郁；秋天结果，果味酸甜、凉润。据说营养丰富，药用价值很高，具有食疗效果，是当地喜食的水果。柚子叶和柚子皮也有实用价值，可入药。旧时画像中的神话人物雷公，其脸下方尖窄，柚子倒过来的样子很像传说中的雷公脸，故名"雷公"。

水晶梨 [ʃy⁴⁴tsan³³li²⁴]

一种当地盛产的水果。连州是中国水晶梨之乡（2006 年），连州水晶梨是连州市农产品"新三宝"水晶梨、鹰嘴桃、菜心。"旧三宝"指蜜枣、黄精、龙须草之一，国家农产品地理标志保护产品（2016 年），以潭岭村（今属星子镇）、龙坪镇一带最为出名。连州水晶梨口感甜、脆、嫩，个头大，质量上佳，是梨中精品。一般在公历的 7 月底、8 月初成熟上市。

4-37 ◆保安街

柿仔 [tʃʰa³³tsɑ⁴⁴]

柿子。连州当地多产柿子，特点是甜、嫩、滑。当地人会把柿子切成小片，让刚断奶的小孩子吃；除了生吃以外，也有人做成柿饼存放，以备食用。柿蒂可以入药。

4-39 ◆连州街

咸沙梨 [ʃɐn²⁴ʃou³³li²⁴]

煮熟后的豆梨果实。豆梨生果口味酸涩，加盐腌制，煮熟后可除去酸涩味。放凉后口味酸甜，略带咸味，常作为开胃的点心。

柑仔皮 [kuŋ³³tsɑ⁴⁴pi²⁴]

陈皮，柑橘皮的干制品。当地人吃柑橘时，常常把皮留下晒干。可以当作药材卖给药店，也可以当作烹调牛羊肉时去腥的配料。

红瓜子 [hən²⁴kou³³tsɿ⁴⁴]

西瓜子。特点是粒大、肉多，外壳鲜红。晒干后，直接生吃，口感香脆。星子镇的新村、良塘、东红、黄村等地大量生产。

4-40 ◆石板街

4-41 ◆星子街

炒菜 [tʃʰao⁴⁴tsʰu⁵³]

用热锅炒制菜肴。当地喜欢荤素搭配，油的使用也是：鱼、肉等尽量用素油，比如茶油、花生油；青菜则选用猪油。星子镇一带炒菜时辣椒用得比较多。

炒猪肠 [tʃʰao⁴⁴ty³³tʃʰiɐŋ²⁴]

爆炒猪大肠。猪大肠翻过来，去掉污物，加盐，用手抓洗，水冲一道；然后用生粉混酸醋再洗一次。切成小段，放到油锅里猛火爆炒，配上茶油、姜丝、酸菜、辣椒等。龙坪镇的炒猪肠比较有名，入口脆嫩。

白斩鸡 [pa³³tʃʃɔŋ⁴⁴ka³³]

清水煮熟后的鸡肉。用清水煮熟嫩鸡，然后捞起放在冷水中浸泡，之后捞出斩件、装盘。吃的时候，配上用姜蓉及熟油调成的味碟。以"三黄鸡"毛黄、嘴黄、脚黄的鸡中的"鸡烂⁼"[ka³³lɔŋ¹¹]未生蛋的小母鸡为最佳。

炖鸡 [tɐn¹¹ka³³]

蒸鸡。连州当地最常见的鸡肉的吃法，当地以冬菇、姜丝增加香气，以木耳吸收油腻，加点生抽蒸制。

4-45◆西岸街

番匏龙头 [fɔŋ³³puʔ²⁴ləŋ²⁴tau⁴⁴]

南瓜的花朵和嫩叶。一般做汤料，或猛火爆炒食用，搭配点豇豆的叶子则味道更加鲜美。

4-46 ◆ 大路边

乱油包猪润 [luŋ¹¹iɪu²⁴pao³³ty³³yn¹¹]

用猪小肠网膜包住猪肝做成的一种菜肴。从猪小肠上剥下的网膜大部分是脂肪，因零碎而被称为"乱油" [luŋ¹¹iɪu²⁴]，也叫"网油" [mɔŋ³³iɪu²⁴]；"猪润" [ty³³yn¹¹] 指猪肝，"肝"与"干"同音，当地人避讳，故称"猪肝"为"猪润"。

从刚宰杀的生猪上取出猪小肠网膜，摊开晾半个小时，之后用其包裹住切好的瘦肉、猪肝、冬笋、芹菜头等馅料，放在冰箱内冻成团。需要时，取出蒸熟即可。

4-50 ◆ 丰阳街

4-49 ◆ 丰阳街

4-47 ◆星子街

4-18 ◆星子街

过江肠 [ku⁵³kɔŋ³³tʃʰiɐŋ²⁴]

猪小肠接近猪胃的最上端一截，只有一尺长，也叫"竹肠"[tʃau¹¹tʃʰiɐŋ²⁴]。过江肠肠壁肥厚，特别爽脆。一般吃法是切段，浇点生抽，撒上葱花、辣椒蒸着吃。有时还在肠内塞入酸浸山椒再蒸制，以克制油腻，如图4-47所示。

扣肉 [cʰau⁵³ɲiau³³]

猪肉菜肴。取大块的带皮五花肉，过沸水煮熟，然后用成捆的牙签给猪皮扎孔，以利猪皮油炸酥松。沸油炸制后，切成1厘米厚的肉片，涂上烧酒、白糖、南乳等配好的作料，夹上出水油炸过的香芋片。按照皮下肉上的形态，摆放进砂锅，猛火隔水蒸熟。蒸好后，用大碗盖住砂锅，倒扣过来，这时大碗里的猪肉皮上肉下，香气四溢。吃的时候，还可以蘸点辣椒味碟配着吃。扣肉肥而不腻，肉香芋甜，是当地人喜食的一道名菜，也是当地年节或请客时的必备菜品。

百叶肚 [pɑ¹¹iɐi³³tu³³]

牛百叶，呈叶片状的牛瓣胃。百叶肚有各种做法，最简单的是凉拌。锅内烧水，水微开后迅速放入百叶肚，倒入绍酒去除腥膻味，稍微焯一下后捞起。将焯好的牛百叶放入提前准备好的凉水中浸泡，使它的口感脆而弹牙。浸泡10分钟后捞出，控干水分，倒入红油、蒜末、香醋、胡椒粉、盐、白糖、鸡精、香油等配料，搅拌均匀即可装盘食用。

4-51 ◆连州街

125

4-52◆星子街

酿豆腐 [ȵiɛŋ¹¹tau¹¹pu¹¹]

油炸豆腐做外皮，填入馅料，蒸熟做成的一种酿菜。"酿" [ȵiɛŋ¹¹] 是嵌入、填入的意思；"酿 + 食物名"，意思是将馅料填入该食物中。外皮以"水豆腐"（见图 4-26）最佳，口感细嫩，星子镇居民就常用它做外皮；也有的用"泡豆腐"（见图 4-27）。馅料以葱花、莲藕、五花肉末、冬菇、鱼肉为主。过年过节常见，是一种大众化的菜肴，老少都喜欢。

酿辣椒 [ȵiɛŋ¹¹lo³³tsɿu³³]

辣椒加馅做成的一种酿菜。将瘦肉、冬菇、葱花等切碎，加盐做成馅料，辣椒上划出一道缝，将馅料填入，然后蒸熟，一般要配一个味碟蘸着吃。

酿蒲食菜 [ȵiɛŋ¹¹pu²⁴ʃi¹¹tsʰu⁵³]

萻荙菜包上肉馅做成的一种酿菜。开水烫软萻荙菜后，用菜叶包上肉馅，用菜梗稍为捆扎，使其不散开。在碗底垫上萻荙菜的梗，放入菜肉包，上面淋油，放在锅里蒸熟即可。配上辣味碟，蘸着吃。

4-53◆沙坊

4-54◆曹屋

4-56 ◆星子街

4-55 ◆西岸街

肉丸 [n̠iau³³iɵn²⁴]

肉类制成的丸状菜肴。鱼肉、猪肉、牛肉等经过刀背捶打，起丝有黏性了，捏成球，放在沸水里煮熟，即成。加点胡椒粉、蔬菜等，可以做汤。

酿肠 [n̠ieŋ¹¹tʃʰieŋ²⁴]

用大肠包住馅料做成的一种酿菜。用鸡蛋、瘦肉碎、冬菇碎及葱花等作为馅料，以漏斗辅助填入大肠，扎紧口，放入锅里加水煮熟，中途要扎针孔透气。凉了再油炸，炸好切片蒸过即可食用。过年过节时，常用来招待客人。

烧肉 [ʃɪu³³n̠iau³³]

炭火烘烤而成的鸭鹅肉，又叫"烧鸭" [ʃɪu³³o¹¹]、"烧鹅" [ʃɪu³³niou²⁴]。宰杀干净的鸭、鹅，整只涂上南乳及其他调料后，用铁叉叉住，在炭火上不停地翻动烘烤至熟。烧肉外焦里嫩，香气四溢，是当地喜食的一道名菜。

4-57 ◆连州街

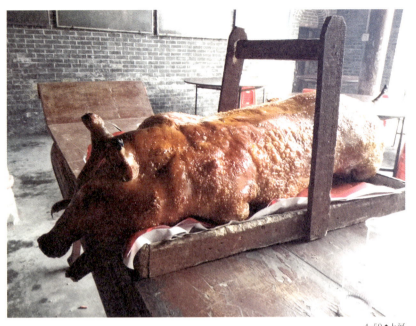

烧猪 [ʃɪu³³ty³³]

　　烧烤的全猪，又叫"烧猪肉"[ʃɪu³³ty³³ȵiau³³]、"金猪"[cin³³ty³³]。烧猪的设备是砖砌的炉膛，三四尺宽、五六尺长。烧猪原料一般以中猪、乳猪为最佳，宰杀干净后，去除内脏，用针等锐器在猪皮上反复扎孔，涂上秘制香料腌制，上炉烘数小时，直至外皮焦黄。吃的时候切片（见图 4-58），直接蘸白糖或甜面酱食用；也可以加芹菜、蒜末、辣椒、南乳、酱油，爆炒后食用。整只烧猪外观完整（见图 4-59），体形大，是当地祭祀神明和祖先时常用的一种隆重的祭品，也是举办大型宴席时的硬菜。星子镇的烧猪肉最为有名，肉嫩皮焦，香气浓郁。

4-60 ◆沙坊

4-61 ◆连州街

味碟 [mi¹¹tei³³]

　　蘸料，有时也指盛放各种蘸料的碟子。蘸料的配料通常有生抽、辣椒碎、熟油、姜蓉、蒜蓉、醋等。连州人食用酿菜、白斩鸡及白角糍时，一般都要配上味碟。

血鸭 [fɛi¹¹o¹¹]

　　用新鲜鸭血混合鸭肉做成的菜肴。鸭子宰好后，洗净切块，加上新鲜鸭血及姜、蒜、辣椒等作料，爆炒即成。血鸭原是湘菜中的特色名菜，连州当地的血鸭做法从湘南传入，故风味独特；但是菜肴外观因鸭血发黑，故样子不好看。

猪脚 [ty³³ce¹¹]

　　猪前后腿制成的菜肴，一般用前腿。猪脚有各种做法：图4-62是切成小块白灼的，需配上味碟蘸着吃；焖烂、红烧也是很常见的做法。

猪皮 [ty³³pi²⁴]

　　做菜用的油炸猪皮。生猪宰杀后，整猪剥皮，切好，去毛，放在水里煮软，刮去肉碎油脂，晾晒至全干，最后放到沸油中炸制，即成。猪皮是连州当地的常见配菜，宴席上常出现猪皮配粉丝、配腐竹、配猪脚等菜肴。

4-62 ◆星子街

4-63 ◆星子街

129

菜苖 [tsʰu⁵³pu²⁴]

　　干菜。连州当地盛产青菜,尤以菜心闻名。夏秋季青菜丰产时,来不及食用,气温高又易腐烂,殊为可惜,故制成干菜储存备用。做法十分简单:将白菜、芥菜等青菜洗净,用开水烫至七八成熟,捞起晾晒成干即可。如此可长期储藏,久放不坏。菜苖可用于熬粥、做汤、蒸肉等,据说有降火之效。

中国语言文化典藏

辣椒怎 [lo³³tsɿ³³pu²⁴]

干辣椒。将老一点的辣椒洗净并除柄，开水烫至七分熟，晾晒至干，成形后不烂，不容易腐坏，方便取用。干辣椒耐蒸，尤其适合做蒸小鱼干、蒸牛肉干时的配料。珠江三角洲的广府人不喜辣，但连州人受周边湖南等省的影响而嗜辣，辣椒是连州人餐桌上最常见的配菜。

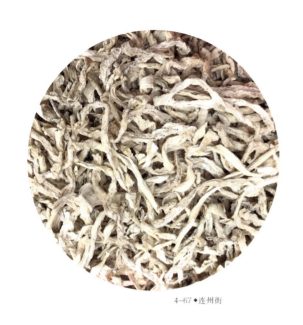

萝卜仔 [lou²⁴pi³³tsa⁴⁴]

萝卜干。生萝卜洗净后，切成细条状，晒干后储存。旧时冬季蔬菜缺乏，萝卜仔可蒸可煮，可以接替青菜断档期。现在常用作蒸腊肉的配菜。

4-67 ◆ 连州街

晒萝卜 [ʃo⁵³lou²⁴pi³³]

大块的干萝卜片。生萝卜洗净后，切成大的薄片，嵌挂在铁丝上，晾干即成。

笋干 [sen⁴⁴kuŋ³³]

晒干的笋，是当地常见的菜品。将毛竹笋或其他竹笋剥去笋箨后，切开，水煮，晒干即成。图 4-70 是用细竹子的笋做成的。笋干食用前，需先用热水浸泡半天，然后横切成片，可以炒猪肉、炒"仔鸭" [tsɿ⁴⁴o¹¹]嫩鸭等。笋干含有大量粗纤维，孔洞多，吸附性强，所以常用来搭配荤菜，以去除油腻。

熏牛肉干 [fen³³ȵɹu²⁴ȵiau³³kuŋ³³]

　　用明火隔着铁丝网熏烤牛肉，制成牛肉干。柴火以硬质杂木为主，龙眼树、荔枝木最好，烟味少，有独特香味。丰阳牛肉干以嫩黄牛作原料，现杀现熏现卖，保证肉质的鲜嫩。鲜牛肉

洗净，切成大块，放到铁架上，木材生火，烧熏至六成熟即可。这样熏烤出来的牛肉干不呛不浊，香味渗入肉质，越嚼越香。

4-73 ◆ 丰阳街

牛肉干 [n̠ɹɯ²⁴n̠iau³³kuŋ³³]

　　熏制好的干牛肉。牛腩或带筋牛肉制成的牛肉干最好,很有嚼劲。牛肉干可烹制多种菜肴,如配酸笋、甜笋、酸菜、豆豉、辣椒等,搭配茶油味道更佳。丰阳镇的牛肉干是旅游名特产,远近皆知。

鱼干 [n̠y²⁴kuŋ³³]

　　体形较小的干鱼。将鲢鱼、翘嘴鱼等淡水鱼的内脏清理后,加盐腌制,在锅中加少许油,烤干即成。烹制时,加清水、豆豉、辣椒干等配料蒸上一段时间,即可食用。

蒸牛肉干 [tʃan³³n̠ɹɯ²⁴n̠iau³³kuŋ³³]

　　用青辣椒、辣椒干、姜丝、葱花等作为调料,与切好的牛肉干一起蒸熟做成的菜肴。

4-74 ◆ 丰阳街

4-76 ◆ 星子街

熏鱼干 [fɛn³³n̩y²⁴kuŋ³³]

　　炭火熏制的大块干鱼肉。当地人将草鱼、大头鱼等切成大块，放在铁丝上，底下用硬质杂木的炭火将其熏干。星子镇的潭岭水库盛产淡水鱼，肉质上佳。

菜酢 [tsʰu⁵³tʃou⁴⁴]

　　咸菜的一种。青菜晒至半干，加盐，用手搓软，晾晒一段时间后，放入可以隔绝空气的坛子内，腌制即成。

水爁菜 [ʃy⁴⁴lau³³tsʰu⁵³]

开水烫熟并腌制数天后制成的芥菜，也叫"爁菜"[lau³³tsʰu⁵³]。芥菜洗净后，晾晒一天，然后用开水浸泡半小时至熟，加盐装入盆内腌制，上头展开几片菜叶封面，腌两天即可。水爁菜切好后，用于炒猪油渣、炒肉片最为妙。"爁"[lau³³]是烫的意思。

酸菜 [suŋ³³tsʰu⁵³]

在陶制浸缸内浸泡而成的腌制蔬菜。连州各地喜吃酸菜，星子镇一带几乎每户农家都有几个酸缸。菜梗、豆角、辣椒、萝卜、蒜头、春笋、藠头、生涩的桃、李、梨、杨梅等，无一不可酸浸。各类蔬菜水果洗净，放在加盐的酸水中，并加盖密封，无氧发酵三五天即可。制成后取出，加上辣椒粉、熟油或白糖，可当作零食生吃，常用来招待客人，也可以拿来炒菜。图4-80就是酸豆角炒牛肉。

4-81◆星子街

笋贾 [sɛn⁴⁴kou⁴⁴]

　　放在酸菜缸内无氧腌制后的酸笋。可以切片炒牛肉、蒸鱼干等。开胃，好下饭，但是容易"提古病" [tɑ²⁴ku⁴⁴pɑn¹¹]引起旧病复发。

腊味 [lo³³mi¹¹]

　　腊肉制品的统称。连州腊味品种多，猪肉、香肠、鸡、鸭、狗、排骨等都常常拿来腊制。吃的时候，洗净切好，加点花生油、姜丝，蒸熟即可上桌。冬季天冷时，一盘腊肉佐一壶酒，相聚而食，妙不可言。

　　连州各地都有做腊味的风俗，东陂镇出产的腊味最负盛名，是当地旅游名特产，国家地理标志保护产品（2006年）。东陂腊味有三百多年的悠久历史，包括"腊肉" [lo³³niau³³]、"腊风肠" [lo³³fəŋ³³tʃʰiɛŋ²⁴]腊肠、"腊狗仔" [lo³³cau⁴⁴tsɑ⁴⁴]腊狗、"腊鸭" [lo³³o¹¹]四个主要品种。利用当地的自然条件进行风干，不经烘烤或者烟熏，不添加亚硝酸盐和防腐剂，具有腊香浓郁、香嫩爽口、回味悠长的特色。

4-82◆丰阳街

腊肉 [lo³³ȵiau³³]

　　腊制的肉类。冬至前后，北风凛冽时做腊肉最合适。将切好的猪肉等洗净沥干，装入盆内，加盐、烧酒等腌制一天一夜，然后挂起来风干，在迎风的地方让北风吹上半个月即可。

4-83◆湟津坪

连州

肆·饮食

腊风肠 [lo³³fən³³tʃʰiɐŋ²⁴]

腊肠。因由北风吹干,故名。瘦肉与肥肉一同切碎,用盐、烧酒、白糖等作料腌制一天,做成肉馅,然后填入洗净且翻过来的猪小肠内,隔一段距离以绳子扎好,并用牙签扎孔放气。一段一段地挂起来,让北风吹干。等待一些时日,水分全干,肠体硬实后即成。

4-85 ◆ 丰阳街

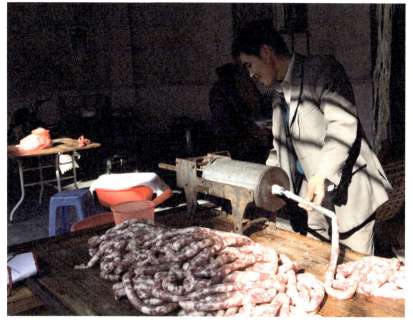

4-84 ◆ 东坡街

腊狗仔 [lo³³cau⁴⁴tsɑ⁴⁴]

　　腊狗，东陂腊味的一种。当地有做腊肉的传统，东陂腊乳狗已经有三百多年的历史。据说狗肉有滋补暖身的食疗功效，尤其适合冬天食用，所以当地居民以传统做腊味的方式制成腊狗，可以长期存放食用。

4-86 ◆ 东陂街

143

腊鸭 [lo³³o¹¹]

腊制的整只麻鸭。腊鸭的做法大致与腊狗、腊肉等相似，是腊味的重要组成部分。

冬笋 [təŋ³³sɐn⁴⁴]

立冬前后毛竹于地下萌发的嫩芽。连州北部山区如瑶安、清江、山塘等地较多产。冬笋可以挖取做菜，并不影响春笋的生长。其味道鲜甜，有香气，可去油腻，是一种高档食材。切片后可以炒肉、煲猪脚、炖鸡等。挖冬笋是一个技术活，农民要根据毛竹的长势、竹尾的趋向等来判断何处更容易挖到冬笋。

松树菌 [tsʰəŋ²⁴ʃy¹¹kʰuɐn²⁴]

一种野生菇。春夏之交的雨后长在松林里。容易腐烂，采摘后要趁新鲜尽早食用。未张开的比较贵，张开了的品质略次。一般拿来做汤、焖肉片。水蕹菜焖野生松树菌是常见的一道菜。

腊鱼 [lo³³ȵy²⁴]

腊制的整鱼。一般以草鱼、鲢鱼为主。冬至前后，破开鱼肚后除去内脏，洗净，加盐、姜汁等腌制一个晚上，悬挂在屋檐下，借助北风吹透。大概十天左右可以做好。

焖烧牛排骨 [mɛn¹¹ʃɪu³³ȵɪu²⁴po²⁴kuɑ¹¹]

以牛排骨为主食材做成的菜肴。常见的配料有姜、葱、芹菜、辣椒等。丰阳镇做得比较多。

连州
肆·饮食

牛杂汤 [nɹu²⁴tsʰo³³tʰɔŋ³³]

用牛的内脏、肉、血块等与蔬菜一起做成的汤，味道鲜美。丰阳镇屠牛业比较发达，因此牛杂汤也比较有名。

4-92 ◆ 丰阳街

钳水螺 [cʰɐn²⁴ʃy⁴⁴lou²⁴]

用钳子夹掉水螺的尾端。水螺浸泡一天，吐去泥土后，去尾，通气，以便食客从螺口吸溜螺肉。之后放在铁锅里，加上花生油、酱油、辣椒、姜丝、葱花等爆炒后焖熟，即成"炒水螺" [tʃʰɑo⁴⁴ʃy⁴⁴lou²⁴]。这是当地人很喜欢的下饭菜肴。

4-93 ◆ 西岸街

中国语言文化典藏

皱嘴水螺 [tsɿu⁵³tsy⁴⁴ʃy⁴⁴lou²⁴]

　　一种山涧里的小螺蛳。尾端较长而螺旋多，故名"皱嘴"。尾端切去，一般同姜丝、姜汁酒、茶油、辣椒、紫苏等放在热锅里炒熟而成。去尾后的水螺，其脆嫩的螺肉和丰富的汁液易被吸出，是当地人的下酒好菜。

咸春 [ʃen²⁴tʃʰin³³]

　　咸鸭蛋。一般有两种做法：一种是以盐水浸泡而成；另一种如图 4-95 所示，是用泥巴加盐，腌制一个月而成。

蒜头 [suŋ⁵³tau²⁴]

　　大蒜干燥后的球茎。星子镇三大特产蒜头、红葱、莲藕之一。

伍·农工百艺

连州传统上以农业为主，只在东、西、北部的山区有一些林业生产，如造纸及林木、竹器加工等。

农业主要是稻作，从修理田塍、田岸，到犁田、耙田、沤肥、施肥、插秧、收割、晒谷、储存，一年忙到晚。其余相关农事，诸如种烟、放牛、放鸡、放鸭、养鱼、砍柴、烧炭、编菜篮等，不一而足，农事经验值得总结。与农业相适应的，是各种农具的制造和使用、维修。耙、锄、刀、斧、锯、篓、箩，一样农具就是一个工作场景，有着几分技术考究。如铁犁、铁耙、辘耙、秧线、禾桶、龙骨车、谷筛、谷箩、风柜，就是一整套的稻作工具。种种农业器械，常有机关暗藏，使用时须讲求得法。一些让人好奇的传统劳作方式，其劳动场面令人驻足，其工艺流程值得我们去探索。

连州曾经是湘粤桂三省区边界的交通要地、商贸重镇，手工业和商业十分发达。建筑业，有石挑、木挑、根挑、挑神、劈木、画壁画等各种工艺；服装纺织业，有纺花、织布、车衣裳、补鞋等；饮食业，有蒸粉、炒番豆、熏牛肉干、腊风肠、做糍等；其余商业形态，则有开中药铺、卖膏药、整船、制茶、酿酒、理发、磨刀、打铁、挑印等。从这些丰富的手工业、商业器物上，我们可以一窥连州当年的繁荣和兴旺。

梯田 [tʰo³³tɐn²⁴]

在山势较为平缓的丘陵上修筑的条形阶梯状农田。连州清江镇、山塘镇、三水镇等地的山坡能引水灌溉，因此很多被开发成了梯田。梯田的田块比较小，适合体形略小的黄牛来耕种。田埂下方有个坡面，叫作"磡基" [hun⁵³ci³³]，春耕前要劈去杂木野草等，以免遮挡阳光，影响作物生长。

5-1◆杨梅

5-2◆东陂街

菜地 [tsʰu⁵³ti¹¹]

种菜的旱地。一般要用篱笆围住，围住的也叫作"菜园" [tsʰu⁵³vɐn²⁴]。一块菜畦做一"棱" [lan²⁴]。菜地上会插一些稻草人等来驱吓飞鸟。农户多数有几处菜地，一般是边边角角的地方。菜地的劳作不算重活，早晚需要浇灌农家肥及沤积过的尿水等，当地一般由妇女来做。

犁田 [lɑ²⁴tɐn²⁴]

使用耕牛翻耕农地。犁田是个重活和技术活，一般由男子掌犁。农夫需要依靠吆喝、鞭打、控制绳索等方式让耕牛配合、负重前行。水牛耕田力气大，可耕作大面积的水田；而黄牛身子小，更加适合小面积的田块。"一岁牛犁田头"，比喻从小就要重视孩子的教育，因为牛一岁就开始穿鼻子学耕田。

5-3◆栋头

锄田 [tʃʰɐy²⁴tɐn²⁴]

依靠人力用锄头来为水田松土。这是旧时缺乏耕牛的情况下的权宜之计。

5-4 ◆ 东村

耙田 [pou²⁴tɐn²⁴]

耕田的一道工序。稻田犁过以后放满水，再用牛拉铁耙，将"田基仔" [tɐn²⁴ci³³tsɑ⁴⁴] 水田中隆起的土堆耙平，使田地平坦。耙田时，农民要做出判断——泥多则往下压；泥少则稍稍往上提拉铁耙；有时也借助脚上的功夫，将一些土块推平。稻田耙好后，最后一道工序是"打碌头" [tou⁴⁴lau³³tau²⁴]，人站在碌碡架子上，让牛拉着满田走，这需要较高的平衡技巧。

5-6 ◆ 箭缆

水牛 [ʃy⁴⁴nɹu⁴⁴]

农耕用的牛，个头大，适合耕作"大峒
田" [to¹¹təŋ¹¹ten²⁴] 大块的水田。水牛怕热，夏天常
需寻找水塘或溪水浸泡。现在机耕逐渐扩
大，水牛也开始减少了。

莳田 [ʃi¹¹ten²⁴]

插秧，将水稻秧苗移栽到大田中。春耕夏种时，从秧田中连根拔取稻秧，挑至大田中。农
民将秧苗放在手中，选择合适的株数，间距均匀地插入水田中。插秧讲究株距，太密影响光照，
太疏浪费空间；也讲究深浅，太深长不快，太浅又容易浮起来。若掌握了插秧的好把式，则可
又快又准。图5-7是农民用秧线取直，先插一排秧苗作为直线标记，后面都按此标记插秧，
这样做可使秧苗插得横平竖直，便于施肥、打药时在田中走动。插秧时最需要提防的是吸血
的"蜞胆" [cʰi²⁴təŋ⁴⁴] 蚂蟥。

连州　伍·农工百艺

做功夫 [tsu⁵³kən³³fu³³]

　　到地里干活。农村各种活计一年到头做不完，大家都不能做懒人，不然会被人嘲笑为"懒鬼""日头晒臀头_{屁股}"。"早起三朝当一日"，指三个早晨干的活可以抵一个白天的工作量，旨在劝人早起干活。若是到山里干活，则叫作"出岭" [tʃʰi¹¹lan³³]。

扯秧 [tʃʰɛi⁴⁴iɐŋ³³]

　　从秧田中拔下稻秧。春耕时节，常见女子在田间左右手并用，把稻秧逐根拔下，用干稻草扎成一捆一捆，随后挑到稻田去栽种。使用铲秧、抛秧新技术后，就不需要弯腰扯秧了。

中国语言文化典藏

5-9 ◆ 谭岭

铲秧 [tʃʰuŋ⁴⁴ieŋ³³]

20 世纪 90 年代以后流传开来的一种育秧新方法，须使用秧盘。秧盘有孔，装满泥后整齐排列在秧田中，再把发芽的种子均匀抛撒在秧盘上。秧苗长成后，可以连秧盘一同铲起，用于抛秧栽种。抛秧是近一二十年新起的一种插秧方式，优点是不用下蹲，只要将手上的秧苗掰下来抛到浅水的田里即可成活，大大减轻了劳动强度。

草人 [tsʰɑo⁴⁴n̩in²⁴]

稻草人，也叫"茅人"[mɑo²⁴n̩in²⁴]。稻田里用于驱赶小鸟的一种人形捆扎物。多以稻草扎成，常常套上废弃的衣物，有些还绑一个破烂的葵扇，风吹时可以摆动。

5-11 ◆ 子沟

5-13 ◆ 下东

禾秆树 [vou²⁴kuŋ⁴⁴ʃy¹¹]

稻草垛子。"禾秆" [vou²⁴kuŋ⁴⁴]稻草收割之后，可以晒干堆积起来，用于喂牛。选择户外的一处空地，挖出 1 米深的坑，在坑中竖起一根结实的柱子，离地 1.5 米左右的位置固定一个十字木，一人在柱子上、一人在柱子下，将稻草一捆一捆叉上去。稻草垛子十分稳固，风雨来袭也不会倒下。

打禾 [tou⁴⁴vou²⁴]

  稻子脱粒。打禾是一项艰苦的田间劳作，需要多人顶着烈日完成，图5-12就是一家大小在打禾。通常是妇女弯腰收割成熟的水稻，并堆置成一把一把；儿童抱起稻把，传送到强壮的成年男性劳动力手中；旧时男人手持稻把，往"禾桶"[vou²⁴tʰəŋ⁴⁴]用杉木制成的四方形深筒内使劲摔打以脱粒，因此叫作"打禾"。秋收时节，田野里响声此起彼伏，十分壮观。一块区域的稻把打完后，需要拖动禾桶。禾桶装满稻谷后十分沉重，需要及时用箩筐分装。20世纪80年代后，禾桶已被普遍换成脚踏的打谷机，有的打谷机甚至使用小型燃油机驱动，减轻了劳动的强度。现在连州农村已普遍使用各型联合收割机，农民打禾也比较轻松了。

5-15 ◆满竹坝

5-14 ◆潭岭

攒禾秆 [tsuŋ⁴⁴vou²⁴kuŋ⁴⁴]

秋收后把稻草扎起来备用。妇女收拢起一把稻草，并抽取若干作为绳索捆扎。"攒" [tsuŋ⁴⁴] 有转动的意思，这里指的是左右手灵巧配合，一边转动稻草把，一边顺势完成稻草把的绑扎。

切草 [tsʰɛi¹¹tsʰɑo⁴⁴]

切稻草。切碎的稻草用于"撒菜秧" [so¹¹tsʰu⁵³ieŋ³³] 培育菜秧。碎稻草混杂入泥土中，能起到松土与施肥的效果。

5-16 ◆星子街

锹地 [tsʰɿu³³ti¹¹]

整理田地，也叫"整地" [tʃan⁴⁴ti¹¹]。将田地做成一块一块的菜畦，中间挖出便于排水的水沟。

中国语言文化典藏

晒谷 [ʃo⁵³cau¹¹]

晒稻谷。晒谷用的场地叫作"地堂"[ti¹¹tɔŋ²⁴]，常常铺上平整的混凝土；若无专门晒谷的场地，则需要用"谷垫"[cau¹¹tɛn¹¹]用竹篾编成的长方形垫子，不用时可卷成筒状收起。晒谷是比较轻的活，一般由老人孩子来做。但是晒谷需要看天行事：太阳越烈，稻谷干得就越快，此时晒谷人虽然需要头顶烈日、汗流浃背，但心里却是非常高兴；最怕打雷下雨，一有点下雨的征兆，就得赶紧收拢稻谷，防止淋雨后发芽，前功尽弃。

种莲 [tʃən⁵³lɛn²⁴]

种植莲。东陂镇、星子镇等地的水田里种植比较多。莲浑身是宝：莲花可观赏；藕可以用来煲汤、焖猪脚、焖龙骨等，新鲜的切碎了还可以用作酿豆腐的馅料；莲子具有温补的功效；干莲叶可以包裹食物，也可做药材。

豆滤棒 [tau¹¹ly¹¹paŋ³³]

方便豆、薯类作物茎叶攀缘的枝条。用细长的竹子或者木棍做成，插在地里。

瓜棚 [kou³³paŋ²⁴]

竹木绑扎而成的架子。便于苦瓜、丝瓜、冬瓜等藤本作物攀缘悬空，以利光照和通风，使瓜果更好地生长，也方便采摘。瓜棚表面上看似叶子繁密，但实则疏松不遮雨。屋子漏了，可以形容为"同瓜棚一样"。

中国语言文化典藏

锄地 [tʃʰɵy²⁴ti¹¹]

给菜地松土，以便种植新的蔬菜。

水圳 [ʃy⁴⁴tʃin⁵³]

灌溉用的水渠。"圳" [tʃin⁵³] 是水沟的意思。旧时水渠较为狭小，两岸都是泥土，野草横生，有时会堵塞水路。近年来重视农业基础设施建设，多改造为用混凝土围栏的水圳，横截面更大，没有水草阻滞，如图5-22所示。发达的水圳系统可引水灌田，不误耕时，还能起到防洪防旱的作用。

荆叶 [kaŋ³³ iɛi³³]

　　牡荆。长在田头地尾、路边水沟边。荆叶用途很多。籽可入药，也有人拿来做枕头芯。枝条晒干后，可以烧灰做成碱水来浸米，做成的糍类更有香气，也较"顶牙"[teŋ⁴⁴ȵiou²⁴]有韧劲。女子头晕，用荆叶加盐搓烂，烧水洗头，可舒爽精神。荆叶搓烂后，塞入鼻孔，可以止血。荆条加上谷糠，点燃后放在屋内，关上房门，可"炪蚊虫"[au⁵³mɛn²⁴tʃʰəŋ⁴⁴]熏杀蚊子。当地孩童还捣烂荆叶，用于小溪捕鱼。其嫩枝嫩叶富含营养，常作为绿肥，垫到猪圈沤肥，或直接踩入水田中。据当地史载，连州燕喜山上，素有文人"折荆"就座、谈诗道故的习惯。

薯藤 [ʃy²⁴ tiɛŋ⁴⁴]

　　红薯的藤蔓与叶子。红薯收获后，剩余的藤蔓一般都挑回家，如图5-24。老的薯藤一般切碎后用作猪粮，放在大锅内与糠、泔水等混同煮熟，舀来喂猪。有人种植红薯不是为了获得它的块茎，而是为了采摘其嫩叶做菜，通常加上生蒜蓉爆炒，做成"蒜蓉红薯叶"。

5-26 ◆畔水

月刮仔 [ȵiɵi³³ko¹¹tsɑ⁴⁴]

一种半月形的长柄锄铲。比大板轻便，用来除草与松土。

大板 [to¹¹pɔŋ⁴⁴]

一种宽面的长柄锄头。用于锄地、挖土，以及"耪地"[pɔŋ⁴⁴ti¹¹]平整土地。

5-25 ◆马面滩

5-27 ◆ 东村

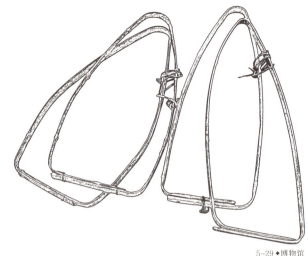

5-29 ◆ 博物馆

秧线 [ieŋ³³sen⁵³]

插秧时取直线用的绳索。秧线在稻田两头一拉，便在田中形成一条直线。沿着直直的秧线插秧，可以避免插歪秧苗。秧苗横竖成行，方便耘田除草，也方便采光与透气。

柴络 [ʃo²⁴lao¹¹]

挑柴用的简易竹缆。以两对竹篾做成的框架构成，下方装上柴火时撑开，上方收紧用于挑担。

粪箕 [pen⁵³ci³³]

竹编的畚箕，是常见的农具。用于挑粪、沙、石灰、牛圈肥等。

5-30 ◆ 丰阳街

担竿 [tɔŋ⁵³kuŋ³³]

扁担。用硬质的杂木或竹竿做成，两端常常接上一对铁钩。用于挑取水桶、谷箩、畚箕等。

谷箩 [cau¹¹lou²⁴]

竹篾编成的箩筐。系上绳索，用于肩挑谷物、器物等。春天"浸种"[tsɐn⁵³tʃəŋ⁴⁴]浸泡谷种，3天左右时，以及春天粮荒，在水沟中浸泡煮熟的"狗爪豆"[cau⁴⁴tʃɐo⁴⁴tau¹¹]龙爪藜豆，豆荚形似狗爪，故名，以去其豆皮之毒时，都是用的谷箩。星子镇的潭岭、黄村、杨梅，以及瑶安乡等地产出的竹器比较多，故这类竹篾制器具也较多。

5-32 ◆连州街

5-33 ◆新塘

谷筛 [cau¹¹ʃo³³]

一种用竹篾编成的扁圆形器具。在稻田脱粒现场使用,用于扬弃稻叶、稻秆等杂质。有比较宽的筛眼,便于稻谷漏下。

背篓 [pi⁵³lau⁴⁴]

篾编的篓子。有背带,可背在身后。上山干活时装东西用。

三轮车 [soŋ³³len²⁴tʃʰɛi³³]

载物用的交通工具,三轮。有人力(见图5-35)和机动两种。农民用来运载农作物,摆摊的商贩也常用它运输货物。

5-35 ◆连州街

中国语言文化典藏

5-34 ◆曹屋

板车 [pɔŋ⁴⁴tʃʰɛi³³]

一种人力运输车辆，两轮。农户常请木匠加工车辆的框架，配上工厂生产的钢制有胎辘轳。以前机动车不发达的时候，板车是农民中短途运输粮食、柴草等的重要交通工具。随着机动三轮车的普及，板车逐渐退出了农村家庭。

镰刀 [lɛn²⁴tɑo³³]

收割庄稼或砍劈柴木的农具。一般有两种：刀锋有锯齿，用于割稻子的，叫作"禾镰"[vou²⁴lɛn⁴⁴]；刀头特别弯曲，可以砍劈柴木、灌木的，叫作"勾镰"[cau³³lɛn²⁴]（见图5-36）。

5-36 ◆星子街

169

铡刀 [tʃe¹¹tɑo³³]

切草或切药材的器具。在底槽上安刀，刀头固定，刀把可以上下活动。图5-37是药店用来切天麻、人参等物的铡刀；铡草用的铡刀，刀体较长。

5-37 ◆ 洛阳

5-38 ◆ 东陂街

六齿耙 [lau³³tʃʰi⁴⁴pou²⁴]

六齿铁耙，有长柄。在植株行距比较大的旱地上作业，用于松土、除草。

5-39 ◆ 东村

耙仔 [pou²⁴tsɑ⁴⁴]

在水田松土用的铁耙子。耙齿比六齿耙更多、更密，如图5-39是九齿的。

薅田耙 [hɑo³³ten²⁴pou²⁴]

耘田除草用的耙子。一般用木头做成。在耙头的木板上钉入五齿铁钉，使用起来很轻便。

5-41 ◆ 东村

中国语言文化典藏

5-40 ◆ 卿罟

谷耙 [cau¹¹pou²⁴]

晒谷时用的一种长柄木耙。用杉木制成。一般有两种类型：一种有齿，但齿不长；一种无齿，耙头只是块木板。均用于推拉谷堆、翻动稻谷，使其晾晒均匀。

犁 [la²⁴]

耕田用的铁制农具。由"犁头铁" [la²⁴tau²⁴tʰɛi¹¹]、"犁柄" [la²⁴pan⁵³]、"犁桠" [la²⁴ou⁵³] 等几部分构成。旧时，除犁头铁外，其他部分均用木制，轻便但不耐用；现在，全犁普遍用铁或钢制作，较重，但耐用，如图 5-42 所示。犁需要驭使耕牛来拉动，掌握铁犁并不容易，非常耗费体力，还需要专门的学习，一般是男性干的农活。

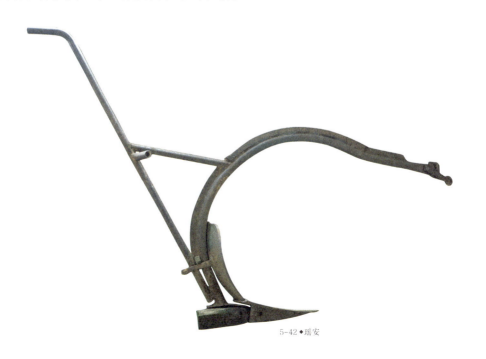

5-42 ◆ 瑶安

铁耙 [tʰɛi¹¹pou²⁴]

铁制耙田用具，有横直的木柄。水田用犁翻开后，需用铁耙的利齿，将大的土块压碎拖平。耙田时，借助耕牛的拖拉，农夫控制铁耙的深浅，土层厚时就下压，反之则上移。图5-43中，铁耙上挂的物件叫"牛轭"[n̠ɪu²⁴ɑ¹¹]，是木制的牛挽具。

龙骨车 [ləŋ²⁴kuɑ¹¹tʃʰɛi³³]

一种木制机械提水工具。形似龙的长条脊椎骨，故名。多块木板以一定的方式连接，安装于木制框架中，转动时，木板可戽水。两人分别站在车的两头，不停踩踏，将河水从下方引到高处灌溉。有时也用畜力转动。

辘耙 [lau³³pou²⁴]

耙田的一种器具。辘为五棱，两端横贯二木，上下并以两木连之，呈长方形。水田犁好后，先耙过一次，然后耙田者站在辘耙上以增加重量，以牛力挽行，其间须保持平衡。晚稻种植时，上季稻茬来不及腐烂，有继续生长的可能，因此常用辘耙压埋稻茬，荡平田面。

5-44 ◆华村

风柜 [fəŋ³³kʰuɛi¹¹]

木制风车，用来清理稻谷中的稻叶、枯草、瘪谷等杂物。通过手工的摇转产生风力，把轻飘飘的杂物吹离稻谷，使饱满的谷物和当中的枯草、干瘪的谷物分开。被风吹出去的秕谷叫作"泛谷"[pʰɑŋ⁵³cau¹¹]；精实的稻谷叫作"实谷"[ʃi³³cau¹¹]，从前面的口子滑出；介于二者之间的稻谷，叫作"二仔谷"[ɲi¹¹tsɑ⁴⁴cau¹¹]，落在底部的方斗中。

5-46 ◆华村

礱 [ləŋ²⁴]

去除稻壳的农具。形状略像磨，用竹篾、红土、木架等制成，黏土内插上密密麻麻而规则分布的桃木片，构成磨齿。礱架子的上方悬挂着一个弯曲的"礱勾"[ləŋ²⁴cau³³]，用于人力推拉。礱谷一般由一人独自完成，上方的斗一次可装下半箩筐的稻谷。稻谷经礱脱壳后，即成糙米。糙米再经碓舂白成大米。

在碾米机普及之前，礱是南方汉族用来给稻谷脱壳的主要用具；碾米机推广后，礱就主要用来制作糯米酒的原料——糙米。一直到 20 世纪 90 年代中期，礱才渐渐退出人们的生活。

石磨 [ʃi³³mou¹¹]

用于"磨糙浆"[mou¹¹tsʰɿ²⁴tsiɐŋ³³]磨制米浆、豆浆的工具。一个村或者一个巷子总有一两个，年节一到，往往还得排队到半夜，才能用上。石磨用久了，臼齿易磨损，还得"洗磨"[sɑ⁴⁴mou¹¹]工匠用专门的器具修理磨损的石磨。2000 年以后，各地基本转用电磨，石磨用得越来越少，逐渐被废弃。

碓 [ty⁵³]

春米的工具。用脚连续踏动木杠后端，前端石头一起一落，春砸下面石臼中的糙米，可使其变成白米，这一劳作方式叫作"踏碓" [to³³ty⁵³]。旧时把大米加工成粉，也是用这个工具。碓的上方有扶手的架子，一般也配一根翻动米粉的细长木棍。在电动碾米机普及之前，碓是村子里必备的公共设施。一到年节前，村民们往往就会彻夜排队，轮流等碓来加工米粉，以做成糍类食品。

粉托 [fen⁴⁴tʰao¹¹]

晾晒"沙坊粉"（见图4-7）用的一种疏眼竹器，是米粉作坊的必备器具。使用时放平架起，上方晒粉。

刀鞘 [tɑo³³tsʰɿu⁵³]

竹篾编成的扁平篓子，也叫"刀篓"[tɑo³³lau⁴⁴]。穿有系带，可挂在肩上或绑在身后，用于上山砍柴时存放柴刀。爬山或爬树时，手拿着刀具容易跌落伤人，把刀放到身后背着的这个刀鞘内，就可避免这类问题，同时也解放了双手。

鸡笼 [kɑ³³ləŋ²⁴]

挑鸡鸭用的笼子，多用竹篾编织而成。鸡鸭等家禽可以装在笼子里，挑到田地里去放养，或挑到市场上售卖。冬天一般在里面垫草保温。"我唔系鸡笼，一提就走个"我不像鸡笼那样，随便就可以调走，是一个与鸡笼有关的戏谑说法。"鸡笼门"[kɑ³³ləŋ²⁴mɐn²⁴]是指鸡笼的圆形口；旧时大户人家圆形的门，也叫"鸡笼门"。

5-54 ◆水口

木挑 [mau³³tʰɪu³³]

　　木雕。"挑" [tʰɪu³³] 是雕刻的意思，故名。多见于富裕人家及寺庙、祠堂内的建筑，内容与石挑相似。

石挑 [ʃi³³tʰɪu³³]

　　石雕。以前大户人家、会馆、祠堂等地的房子内多有石雕，内容为美观且有吉祥寓意的动植物图案，或是八仙过海、大闹天宫等民间故事。

5-55 ◆元壁

5-57 ◆卿罡

墨斗 [me³³tau⁴⁴]

　　木匠用来弹墨线取直的工具，在木工行业中极为常见。由墨仓、线轮、墨线（包括线锥）、墨签四部分构成。木匠用它来弹出直墨线，方便砍削时取直。

木马 [mau³³mou³³]

　　木匠师傅加工木料用的架子。两根木头榫接为十字形状，外加一根木头作为支撑柱，用于固定木料。木料架在木马上，木匠师傅可以对其进行劈削、弹墨线等作业。

5-56 ◆清水

经菜篮 [kaŋ³³tsʰu⁵³lɔŋ²⁴]

编织菜篮。需要破开竹篾，表层的叫作
"篾青" [mɛi³³tsʰɑn³³]，比较坚韧耐磨；里层的
叫作"二腩篾" [nɛi³³nɔŋ²⁴mɛi³³]，比较软；竹子
的内层叫作"篾瓤" [mɛi³³nɔŋ²⁴]，不适合编织，
只能当柴火。菜篮需要用竹篾纵横编织，纵
向的篾叫"经" [kaŋ³³]，横向的篾叫"纬" [vɛi²⁴]。
"经菜篮"中的"经"做动词用，意为编织。

竹器 [tʃau¹¹cʰi⁵³]

竹篾编织而成的器物，多为容器。当地
竹子多，且竹器坚固耐用，因此一直以来用
得很普遍。只是随着塑料制品的普及，市场
上看到的竹器就渐渐少了。

连州　伍·农工百艺

5-61 ◆ 元壁

壁画 [pae¹¹ua³³]

旧时房屋上画的装饰性图画。用毛笔画成，一般画在庙宇、祠堂、会馆等大型建筑屋檐下的外墙上。内容多为山水以及戏曲中的人物，并有题诗；主题一般是田园风光，或封侯拜相一类的祝愿。

篾作师傅 [mɛi³³tsao¹¹ʃi³³fu¹¹]

编织竹器的师傅，也叫"经竹佬" [kaŋ³³tʃau¹¹lao⁴⁴]。连州竹子多，菜篮、凳子、席子、鸡笼、卧具等用具用竹篾编织是很常见的，因此篾作在以前是比较能挣钱的一门手艺。但近年来随着工业品的推广，竹器渐少，篾作师傅也越来越少了。

5-60 ◆ 中墩

5-62◆卿罡

飞发 [fi³³fo¹¹]

理头发，也叫"剃头"[tʰɑ⁵³tau²⁴]。农村一般是理发师傅带上藤篮、装上工具，上门理发，城镇则有固定店面。新生儿的"满月头"[mun³³ȵiɵi³³tau²⁴]以及成人春节后的第一次理发十分讲究，要挑选日子，给理发师傅红包，互相说好话。小男孩理一种特别的"线门髻"[sen⁵³men²⁴kɑ¹¹]，前面像茶壶盖一样；一般成人男子理分头、平头。当地人认为头发长了会损害血液，因此多理短发，不留长发。"省刀布"[sɑŋ⁴⁴tɑo³³pu⁵³]璧刀布，是磨剃刀用的布，常用牛皮制成，久用后颜色发黑，有很多脏物。因此当地人形容物品脏污，就会说"同省刀布一样"。理头发以往被认为是贱业，故理发师傅也被贬称为"剃头佬"[tʰɑ⁵³tau²⁴lɑo⁴⁴]。

车衣裳 [tʃʰɛi³³i³³ʃiɐŋ²⁴]

用缝纫机做衣服。星子镇历史上曾大量种植棉花，民国时期棉纺业很发达，纺纱、织布、染布、做衣服，构成一条龙。后来制衣行业受时装产业冲击，衰减得非常厉害。但用缝纫机制作衣服的行业还有所保留和传承。有些当地人会选好布匹，请师傅量身定做。

5-63◆星子街

南纪 [nɔŋ²⁴ci⁵³]

一种传统的手工织布机。从棉花到布匹，要经过"揉棉花"[n.iou²⁴men²⁴fou³³]去除棉籽、"纺花"[pʰieŋ⁴⁴fou³³]把棉花纺成纱、"经布"[kaŋ³³pu⁵³]织布三个阶段。以前星子镇从种棉到纺纱成布、染布、成衣，一条龙，样样齐全，从业人员众多。二十世纪五六十年代之后，这个行业逐渐衰微。

挑神 [tʰɪu³³ʃin²⁴]

雕制神像。不少祠堂、神庙有安放神像的传统，因此催生了一项雕刻神像的工艺。一般以杂木为原料，用刀、斧、锯、凿等加工，做成木偶，然后涂上鲜艳的色料。

打铁 [tou⁴⁴tʰɛi¹¹]

打制铁器。一般有两个人，通常一个师傅（主锤）、一个徒弟（帮锤）。以前几乎每个乡镇都有打铁铺子。现在多数铁器在市场上都买得到，很多铁铺都没落甚至消失了。

挑印 [tʰɪu³³in⁵³]

雕刻印章。一般以硬木、石料为印章基材，过去临时应急也有用红薯、肥皂的。先把印文正写在绵纸上，趁墨迹未干，压在印面上形成反字，然后雕刻。现在刻章是特种行业，要先到公安部门备案，获得批准后才能营业。

炒番豆 [tʃʰɑo⁴⁴fɔŋ³³tau¹¹]

炒花生。在大铁锅内放入洗净的河沙，加盐爆炒带壳的花生。

根挑 [kɛn³³tʰɪu³³]

根雕。连州多山，簸箕山、大东山、大龙山、静福山、大雾山连成一体，形成的广袤山区是根雕艺术的天然温床。扎根于奇山秀水间的树根，或雄奇，或遒劲，或精巧，或粗犷，因势象形，各具情态，经过匠人加工，就成了一件件极具神韵的艺术品。

5-70 ◆洛阳

中药铺 [tʃən³³ie³³pʰu⁵³]

卖中药的铺子。患者按照医生开好的中药方来铺内买药；中药铺的营业者一般也有一定的医药常识，可以开方搭配一些非处方中药。中药铺靠墙处有成排的柜子和抽屉，每个抽屉外有标签、内放药材。店内备有戥子等衡器。

研船 [ɲiɔŋ²⁴ʃən²⁴]

研磨中药材的碾子。外形像木船，故名。有一个木头底座，碾槽与碾盘均为铁制。现在一些中药铺里还可以看到。

5-71 ◆洛阳

185

菜摊 [tsʰu⁵³tʰɔŋ³³]

卖菜的摊子。在镇区交通要道显眼的地方，常有农户摆地摊卖菜，一般论斤或论把交易。

卖膏药 [mo¹¹kɑo³³ie³³]

摆摊出售膏药。膏药以矿物黄丹为主，配上茶油等，以炷香计时熬制。一般在农村集市的日子卖膏药，先要吆喝，以招揽生意。

5-73 ◆ 丰阳街

牛肉铺 [nɻu²⁴n̠iau³³pʰu⁵³]

专卖牛肉的铺子。星子镇、丰阳镇的牛肉铺较多。牛肉干、鲜牛肉、牛杂、牛蹄等分门别类，种类齐全。

斗 [tau⁴⁴]

量米量谷的一种圆形木制容器，口小腹大。十升为一斗。仓库或者富裕人家家里才有，一般人家用升筒就够用了。

5-76 ◆ 博物馆

秤 [tʃʰan⁵³]

杆秤。由秤杆、秤砣、吊手、秤钩等构成，秤砣质量是固定的。依据杠杆原理，凭秤星来判断所称物品的重量。超过重量，叫作"秤起一滴" [tʃʰan⁵³ɕi⁴⁴a³³ti¹¹]；若不足，则是"太文啦" [tʰo⁵³men²⁴la⁰]。秤以公平为度，不然容易引起争执，甚至当场拗秤。一般有两种类型：一种是"细秤" [sa⁵³tʃʰan⁵³]，小型，可单手提起，用于称重量在十几斤内的物品；另一种是"大秤" [to¹¹tʃʰan⁵³]，大型，可称重量达上百斤的谷物、柴火。妇女改嫁时带来的与前夫所生的孩子，当地叫作"秤钩仔" [tʃʰan⁵³cau³³ tsa⁴⁴]。

5-75 ◆ 丰阳街

连州·伍·农工百艺

望牛 [mieŋ^{11}ȵɪu^{24}]

　　放牛。"望"[mieŋ^{11}] 是放牧、看管的意思。

烧炭 [ʃɪu³³tʰɔŋ⁵³]

　　烧制木炭。炭工巡察山林，寻找适合烧炭的树木，通常椆木、栎木等硬质杂木适合烧炭。一般要找杂木密集、山势平缓的地方挖建炭窑。炭窑由窑门、窑洞、烟囱几个部分组成。炭柴伐倒后，砍成合适的长度，削去零碎枝叶，运进炭窑内，直立放置。炭柴装满后，从窑门位置生火，烧到烟囱火旺为止，到合适的火候时封窑。从窑顶放水的位置加入几担水灭火。经过数天的高温炭化，炭柴就变成了木炭。最后工序是出炭，挖开窑门，充分散热冷却后，进窑洞把木炭装起来运下山。连州冬天天冷，旧时取暖主要靠木炭。本地要消耗许多木炭，也有卖到外地去的。

望羊 [mieŋ^{11}ieŋ^{24}]

放羊。连州的北部山区有些人以放羊为业，但规模不大，多是山羊。

望鸭婆 [mieŋ^{11}o^{11}pou^{24}]

放母鸭。"鸭婆" [o^{11}pou^{24}] 是母鸭的意思。在河边、田边、池塘边，搭建一个棚子，放上几十只母鸭。母鸭产蛋率较高，可以卖鸭蛋。养鸭子是农村一项重要的副业，也是一个谋生的活计。

中国语言文化典藏

鸭苗 [o¹¹mɪu²⁴]

雏鸭。连州农村有专门孵化鸭蛋、养育雏鸭以出售的农民。一般要在暗处灯光下挑选受精的鸭蛋，置于草垫上，加盖棉被保温孵化。一个月左右，雏鸭就会啄破蛋壳孵化出来。三五天后，雏鸭就可出售。挑选雏鸭时有以下讲究：要活泼好动，眼大有神；绒羽光亮、柔软、致密；腿结实，站立行走姿势正直有力；叫声清亮；手握时挣扎有力。

拗鱼 [ɑo⁴⁴ŋy²⁴]

罾鱼，一种原始的捕鱼方式。所用渔网为方形，用竹木支架而成。通常在洪水过后的早晨，于水流回转缓慢且有鱼群的地方下网。

撒网 [so¹¹mieŋ⁴⁴]

　　在河流、鱼塘中手抛渔网捕鱼。渔网为漏斗状，底部有较重的铁链和铅坠，以使渔网迅速沉入水底，让鱼来不及逃跑。连州河道纵横，鱼类众多。常见有人撑着小船，撒网捕鱼。撒网

需要一定的经验和技术：撒网者需站稳马步，一手紧握纲绳，一手抓住渔网底部顺好的铁链，扭转腰部，顺势撒出手中的渔网，渔网张得越大越好。

艇仔 [tʰen⁴⁴tsa⁴⁴]

带桨的小木船。过去有船厂，主要生产这种小船，常用耐水的松木来制造船身。连州的江河多处上游，不算特别宽广深厚，故漂浮其上的也多为小船。当地人用这种小船摆渡、捕鱼。

整船 [tʃan⁴⁴ʃɐn²⁴]

修理船只。木船使用一段时间后，需要拖到岸上进行维修。一般是在木板的缝隙处钉入新的麻絮以防漏，也要给船身重新刷桐油、油漆以防腐。

竹排 [tʃau¹¹po²⁴]

竹筏。用毛竹扎成的简易筏子，是江河上用来摆渡及捕鱼的工具。连州山林多，盛产毛竹。砍伐碗口粗的多年毛竹，截取中间 4 到 6 米长的主干，削去多余枝叶和坚硬的表皮，6 到 12 根并排，每隔若干距离就用铁线扎紧固定，即成竹筏。竹筏使用时需要一定的技巧：摆渡者需要使用一根长长的细竹竿保持平衡，并将竹竿撑至水底，让竹筏前进或转向；不太熟练者，有时会翻筏落水。竹筏不用时晾在干爽处，防止腐烂。

放排钩 [fɔŋ⁵³po²⁴cau³³]

在水上运输木排时用的铁钩。有木制长柄，尖锐处可扎入木头中。连州溪流密布，旧时水运是一种重要的运输方式。山上的树木伐倒后放置半年，使其干燥，增加浮力。等春夏汛期到来时，将林木拖拉至溪流边，捆扎成扁平的木排，借着洪水将排木运至下游，叫作"放排" [fɔŋ⁵³po²⁴]。排木经过水流湍急的险滩等处时，有些木头会散落，需用放排钩将其钩回。现在由于国家生态保护政策的实施、运输方式的改进，已经不需要放排了。

5-90 ◆马带

5-89 ◆星子街

鱼缴仔 [n̠y²⁴cɪu⁴⁴tsɑ⁴⁴]

　　捞鱼的网兜。将有弹性的厚竹片弯成框架，用铁丝绑扎固定。框架上每隔一定的距离钻一个孔，用细铁丝穿孔绑上网兜。单手持用，可以在鱼塘、江河的浅水处捞取鱼、虾。

鱼篓 [n̠y²⁴lau³³]

　　竹篾编成的容器。口小腹大，孔多便于漏水，一般装鱼类等水生动物。以前农民在水田犁田、插秧时，身后常背一个鱼篓，用于盛装随手抓到的泥鳅、青蛙、田螺等。

5-93 ◆清江

茶仔仁 [tʃʰou²⁴tsɑ⁴⁴n̠in²⁴]

　　油茶籽。连州的山塘、清江、九陂等地有人大片种植油茶。秋冬之际，茶籽成熟，摘取晒干，然后送到油坊榨制茶油。连州人喜食茶油，有的菜肴，如丰阳牛肉干，一定要用茶油蒸制，口味才正宗地道。

5-91 ◆东村

5-92 ◆东村

谷雨茶 [cau¹¹u³³tʂʰou²⁴]

谷雨前后采摘做成的绿茶。手工做茶，有杀青、搓茶、炒茶等几道工序。当地以瑶安茶叶为上品。谷雨茶是相对清明茶而言的，清明茶更嫩，但是产量更低。

阉鸡 [ɐn³³kɑ³³]

阉割公鸡。当地认为小公鸡躁动好斗，需要阉割后才会变得温顺，才能长肉。因此催生了阉鸡行业。连州的阉鸡师傅，或在集市摆摊，或走村串户，带上一套工具，三两下拔去鸡腹下端的鸡毛，用刀划开口子，两头用簧片张开固定，然后用丝线将"春胇" [tʂʰin³³pʰɑo³³]睾丸摘下，用铜勺子舀出。最后把鸡毛塞回伤口，喂点消炎药水。阉鸡是一项技术活，掌握得不好，阉鸡的成活率低；技术好的阉鸡师傅，常有农户请上门，挣钱也多。

5-94 ◆清水

棕树 [tsən³³ʃy¹¹]

棕榈树，一种经济树种。叶鞘为扇形，有棕纤维。叶可制扇、帽等日常用品；根可入药；纤维可搓绳，做"棕屐"[tsən³³kʰɑe³³] 一种木屐的鞋面。

杉树 [ʃou³³ʃy¹¹]

常见的速生林木，十几年可以成材。树形直，材质佳，用途极广。旧时上至房屋大梁、檩子，下至日常家具、农具，均需用杉木制作。它厚实宽大的树皮可以作为简易房子的顶棚，细碎的则当作柴灶的燃料；其刺状针叶异常尖锐，可以作为篱笆，也可以烧火。"杉"音同"沙"。

5-99◆保安街

藤柴 [tiɐŋ²⁴ʃo²⁴]

上山砍柴，也叫"斫柴"[tʃe¹¹ʃo²⁴]。"藤"[tiɐŋ²⁴]是找寻的意思。连州山区如潭岭、东山、西山一带也有专门以砍柴为业的，他们将砍下的柴拿到街上去卖。砍柴人要带着锅巴、饭团，脚穿草鞋，佩上钩镰，携一块擦汗用的白布。山上砍柴有些禁忌，如吃饭要说成"食炸弹"[ʃi³³tsou⁵³tɔŋ¹¹]，人们认为这样才不会被老虎袭击。

斫竹 [tʃe¹¹tʃau¹¹]

砍伐竹子。连州的瑶安、三水、清江等地林区盛产大毛竹。竹子结实耐用，并且生长快，经济价值高。砍伐竹子有一定的技巧，要判断好倒下的方向，站在背向下刀斧，不然会出现险情。单面撕裂的竹子会快速回弹，容易造成人身伤害。

5-98◆右里

5-100 ◆右里

斫树 [tʃe¹¹ʃy¹¹]

砍伐树木。林木砍伐后，锯成一段一段，从山上运出去。以前多用肩扛；后来有了新的搬运方法，即让马身负重。

蜂箱 [fəŋ³³siəŋ³³]

养蜂的木柜子，有孔便于蜜蜂出入。连州山区有人养蜂采蜜。蜂箱有些是固定的；有些是可以移动的，可以被带到鲜花盛开的地方放下。冬夏两季可以割取蜂蜜，冬天的产量小，但是蜜糖品质更佳。

5-101 ◆奎池

桑叶 [sɔŋ³³iɛi³³]

桑树的叶子。以前有人种桑养蚕，现在主要是为了采摘鲜嫩的叶子做菜。目前当地有产业化生产桑叶的：采好的桑叶在沸水里捞过，然后放入凉水泡一下，再放到脱水器甩干，马上真空包装出售。

5-103 ◆东村

苎麻 [tʃʰy³³mou²⁴]

一种纤维可以取用的亚灌木。20世纪90年代以前，农村多有种植，是制作麻绳、麻线的主要原料。苎麻成熟时，砍断茎秆，剥取表皮。晒干后浸入水中，叫作"沤麻" [au⁵³mou²⁴]。如此反复数次，以去除麻皮中的有机物，留下纤维。随后妇女取这些纤维，手工搓成麻线、麻绳。麻线结实耐用，常用来纳鞋底；麻绳用于穿系箩筐、捆绑木材等。苎麻叶子鲜嫩时，可以拿来做甜糍、喂兔子、喂鱼。剥皮后剩余的麻秆，可做燃料。进入工业品时代后，少有人去特意种植苎麻，多数野生于田头地尾。

5-102 ◆清水

陆·日常活动

总的来说，连州的乡村生活节奏较慢，观念也相对保守。因此，稍加留心，还能发现不少传统生活的样子、种种有趣的细节。

　　民国时期，珠三角的一些生活习惯被带到了山城连州，比如早茶习俗与腊味制作。其余如集体裸身泡温泉、劈柴、破竹、洗菜、溪边浣衣、聊天、烤火等场景也有一定的奇特性，置身其侧，顿觉村民日常生活的勃勃生机。

　　戏台、打扑克、练功夫、猜拳、舞龙、舞狮……这些词语不用问，一看就知是灵动热闹的欢乐场面了。

　　与许多南方汉族地区一样，连州的民间信仰也较为常见。如连州保安镇的福山就是道教圣地。"万物有灵""举头三尺有神明"这些与神秘相关的理念，在民间很盛行。他们都在信什么呢？有什么独特的仪式？有哪些特别的规矩与制度？比如，在农历初一、十五，很多人都会恭恭敬敬地在神像前上香、祈祷，与神明进行虔诚的对话，表达内心的真切愿望。每日早晚烧香的家庭也达到二成。这个讲究规矩的社会，认真起来可真的一切都不会含糊。

6-2 ◆上河

办酒席 [pɔŋ^{11}tsɪu^{44}ts^{h}ɑe^{33}]

操办大型宴席。逢婚宴、寿宴等大型喜事，主家要操办宴席，要请厨师准备很多酒菜来招待宾客。农村的宴席，有“十二斗碗”一说，就是一桌要备上十二碗的菜。

高楼馆 [kɑo^{33}lau^{24}kuŋ^{44}]

提供早茶、午茶服务的馆子。县城及镇区有不少，是近代以来自珠三角地区传入的茶楼文化。过去星子镇区的茶楼很有名，茶点种类多，品质好，做工精细。

6-1 ◆东陂街

猜拳 [tsʰo³³kʰən²⁴]

划拳，喝酒助兴的一种方式。连州各地都有，其中星子镇乡下还有本地土话的猜拳，镇区内则流行白话猜拳口令。猜拳可以活跃气氛，展现男人们兴奋后的机智与豪情。有些词令也有满满的正能量，表达了祈福、求财、人丁兴旺等美好愿望。

水烟筒 [ʃy⁴⁴ən³³təŋ²⁴]

一种比较精致的烟具。截取拳头粗的毛竹约 50 厘米，一头利用天然竹节封闭，另一头凿空。在竹筒筒身外的中部打孔，插入小铜管或小竹管。在竹筒内部装入一定量的清水，将烟丝塞进小铜管中点燃。然后将竹筒开口的一端压紧嘴部，用嘴吸气产生负压，烟气通过竹筒内的清水过滤后吸入口中，据说这样能减少尼古丁等有害成分。过去连州有些老人这样吸烟，因有气流通过清水，吸食时会发出"咕噜咕噜"的声音，颇为有趣。图 6-4 的水烟筒上还绑着一个空的八宝粥铁罐，用于装残余的烟丝。吸水烟筒有技巧，初试者往往吸不到，或不慎将苦涩的烟水吸入口中。随着老人的故去，现在连州很少有人吸水烟筒了。

劈柴 [pʰɛi¹¹ʃo²⁴]

　　劈开木头当作柴火。劈柴分两种：不费力气，单手持柴刀即可劈开木头，叫作"破柴" [pʰou⁵³ʃo²⁴]；用斧子大力劈开木头，叫作"加柴" [kou³³ʃo²⁴]。木头纹理纷乱，不好劈开的叫作"结头柴" [cɛi¹¹tau²⁴ʃo²⁴]。性子容易冲动、不听人劝慰的人，会被叫作"哑结头" [ou⁴⁴cɛi¹¹tau²⁴]。

调白口 [tɹu¹¹pɑ³³cʰau⁴⁴]

　　聊天，闲谈。

墟 [çy³³]

乡镇的集市。农民在集市上进行农产品、菜种、农具、日常用具、衣物等的交易。

人流量大、交易量多、散场晚的集市，叫作"旺墟"[voŋ¹¹çy³³]。较为有名的有连州镇、星子镇、丰阳镇和东陂镇等地的"旺墟"。

约定俗成的集日，叫作"墟日"[çy³³ni³³]。各乡镇有不同的"墟日"，常见的有星子镇"二七墟"、连州镇"三八墟"、大路边镇"一六墟"，每隔五天举行一次。相邻的两镇会刻意避开"墟日"，避免时间上的冲突，以确保买卖双方有更多交易的机会。

去赶集购物，叫作"趁墟"[tʃʰen⁵³çy³³]。在城镇化之前，这是传统生活中的重要组成部分。"趁墟"最热闹的时间是端午节、中秋节、春节前夕。图6-6是一对农村夫妇去保安镇"趁墟"，买了新的火笼、竹椅、谷筛，兴高采烈地回家。

6-8◆马带

烧柴 [ʃɪu³³ʃo²⁴]

燃烧柴火，给铁锅加热。山区林木资源丰富，柴灶用得多。茅草不经烧，得守在灶前不停添加，不然就容易熄灭；若是杂木，就可以短暂离开。灶前要用上"火钳" [fou⁴⁴cʰen²⁴]铁钳来夹取和拨动柴火，用长柄的"香匙" [çieŋ³³ʃi²⁴]铲子扒灰。"灶门前拾香匙"是反讽的话语，指某人拿了不该拿的东西。

洗菜 [saɑ⁴⁴tsʰu⁵³]

刚从菜地拔取或者摘取的菜蔬，带着沙土等脏物，人们往往在附近的河里、水沟中先洗上一遍。

6-11◆满竹坝

炙火 [tʃae¹¹fou⁴⁴]

烤火取暖。连州属于粤北，入冬后常见霜雪，偏冷。为了御寒，常需烤火取暖。一般用不易生烟的硬木、木炭等聚堆点燃。图 6-9 是大家坐在火堆旁的长凳上，正在聊天；图 6-10 是在户外燃起的炭火堆，聊天的人已经起身离开。

经冷˭衫 [kaŋ³³laŋ³³ʃɔŋ³³]

编织毛衣。旧时商贸物流不发达，经济条件也不宽裕，家人冬天所穿的毛衣，大多数由母亲和姑娘们手工编织而成，有些手巧的还能织出各种花样。

扯牙齿 [tʃʰɛi⁴⁴n̠iou²⁴tʃʰi⁴⁴]

拔牙。街头摆摊的牙医，常常采取简单的办法，用铁钳夹住残牙，直接扯下，然后让牙痛病人含一口盐水止痛。拔下的乳牙，当地人会把下齿的往屋顶扔，上齿的则往床底扔，认为这样有利于儿童长出好牙。"牙痛唔系病，病起来用命"，指的是牙痛给人带来的烦恼。"打断牙齿吞下肚"，比喻难言之隐，有苦说不出。

6-13 ◆连坪

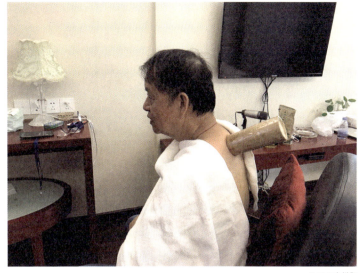

6-14 ◆连州街

喼米筒 [tsu¹¹ma³³təŋ²⁴]

　　拔火罐，一种中医的治疗方式。以竹筒罐为工具，利用燃火、抽气等方法产生负压，使之吸附于体表，造成局部瘀血，以达到通经活络、行气活血、消肿止痛、祛风散寒等疗效。农村人被腰痛、肚子疼、重感冒以及湿气等侵扰时，常常用这个简便的方法来对付。

汤鸡 [tʰɔŋ³³kɑ³³]

　　杀鸡。"汤" [tʰɔŋ³³] 是滚烫的热水，这里代指"杀"，是一种委婉的表达。当地宰杀禽类是一个人完成的。过程是割开鸡脖子位置的上方（鸭子是下方）放血，然后用滚烫的开水烫过，以便轻易"缠毛" [tʃʰen²⁴mɑo²⁴]拔毛。拔毛后，开膛取出内脏，其中肺、盲肠通常丢弃；鸡胃、鸡心、鸡肠、肝脏、脾脏等清理干净后，拿来做菜；鸡腿常常留给小孩吃。

6-16 ◆西岸街

6-17 ◆正河

6-18 ◆冲口

练功夫 [lɐn¹¹kəŋ³³fu³³]

练武术。为了防身与健身，连州许多村子的男子素有练习武术的传统。一般与狮团一起，请"教打师傅" [kao³³tou⁴⁴ʃi³³fu¹¹]武术教练来指导，于农闲时节练习。

水泵 [ʃy⁴⁴pəŋ³³]

农村简易的手摇泵。20世纪70年代后，有人在庭院或房屋周围设置水泵，利用杠杆原理将地下水吸出。水质不稳定，但是很方便。

6-19 ◆上河

茶箍头 [tʃʰou²⁴ku³³tau²⁴]

油茶籽压榨后的渣饼。因为含有皂质与碱性，农家用来清洁，可以泡水洗碗、洗头发、洗衣服，家常必备。捣碎放在排干的河道里，可以用来杀鱼。星子、山塘、九陂、清江等地都是油茶产区，故茶箍头比较多见。

6-20◆湟川

本地棋 [pɐn⁴⁴ti¹¹cʰi²⁴]

本地流行的几种棋类，但不是常见的围棋与象棋。下法有一些规则，本地人士熟谙，不少人借此娱乐，打发时间。

动棋 [tən³³cʰi²⁴]

民间的棋类游戏。就地取材，石子、果壳、木片等都可充当棋子，随时可以玩。常见棋盘是纵横各四条线，共九格；也有复杂点的，纵横各有七条线，共三十六格。对阵双方各有六个棋子。规则简单，就是在一条直线上的两颗同阵营棋子，可以吃掉另外一颗对方的棋子，故称"二吃一"。多为儿童玩耍，偶尔也有成人参与对弈。

6-21◆鱼田

6-22 ◆峰园

动象棋 [təŋ³³tsʰieŋ¹¹cʰi²⁴]

下象棋，民间传统的益智竞技活动。男性比较喜欢，老年人也常常借此打发闲暇，自娱自乐。

打天九 [tou⁴⁴tʰen³³cɿu⁴⁴]

一种娱乐用的骨牌游戏。一副天九牌共有 32 只牌子，分为文子（22 只）及武子（10 只），牌面刻有红白两色的不同点数。有执位、开局、牌头、打牌、结牌、算账等流程，比较复杂。不同的天九牌可以组成不同的组合。先出牌的人有权出单只牌或组合牌。连州还有不少老人喜欢借此消磨时光。

6-23 ◆连州街

打麻雀 [tou⁴⁴mou²⁴tse¹¹]

　　打麻将，一种娱乐方式。麻将，当地叫作"麻雀" [mou²⁴tse¹¹]。各地打法大同小异。以前是手工洗牌；现在电动麻将流行，洗牌时间省却不少。因其需要一定的智力和运气，故受到不少人的喜爱。一般人用以怡情，消磨时间。

打曲真 [to⁴⁴cʰau¹¹tʃin³³]

　　老人家闲时玩的一种纸牌游戏，以此怡情。

6-26 ◆马带

皮箭叉 [pi²⁴tsɐn⁵³tʃʰou³³]

　　弹弓。在一个叉开的树杈两端，装上橡胶皮，利用胶皮的弹性来发射弹丸。以前用于射鸟；鸟枪出现后，主要用于玩乐。顽童也用于打架时互相弹射，有一定的危险性。

吹笛 [tʃʰy³³tɑe³³]

　　吹唢呐。唢呐是一种流传广泛的民间吹管乐器。管身木制，呈圆锥形，上端装有带哨子的铜管，下端套着一个铜制的喇叭口；音色明亮，音量大。连州唢呐的木管部分比其他地方的要细长。逢红白喜事、做道场等，常常看得到这个表演。

6-27 ◆保安街

二胡 [ȵi¹¹vu²⁴]

　　民乐拉弦乐器。二胡制作简单，廉价易学，且音色优美，因而深受民间的喜爱，是普及率很高的乐器。连州"唱春牛" [tʃʰieŋ⁵³tʃʰyn³³ȵɯ²⁴] 一种民间歌舞表演（见图8-8），常有二胡伴奏。

鼓 [ku⁴⁴]

　　大锣鼓。狮团、龙舟上使用较多。龙舟的船尾摆上锣鼓，敲击时用于鼓舞士气，协调划船的节奏。"好鼓唔使响槌敲"，比喻明白人无须重话训斥。

竹篙舞 [tʃau¹¹hɑo³³u⁴⁴]

　　竹竿舞。流行在北部山区瑶族区域，近些年也逐渐搬上舞台。持竿者的姿势有坐、蹲、站三种，变化多样。在有节奏、有规律的碰击声里，跳舞者在竹竿分合的瞬间，敏捷地进退跳跃，同时潇洒自然地做出各种优美的动作。"篙"发音特殊，系声母读 [kʰ] 后再擦化。

6-31 ◆瑶安

6-30 ◆连州街

高桩舞狮 [kɑo³³tʃɔŋ³³u⁴⁴ʃi³³]

　　在高桩上舞狮。舞狮时，两人装扮的狮子在鼓乐、铙钹乐的伴奏下，在高桩上表演各种有难度的精彩动作，深受群众喜欢。年节喜庆的场合，常有这个表演。星子镇黄村狮团的高桩舞狮最为有名。

唱湖广帮 [tʃʰieŋ⁵³u²⁴kɔŋ⁴⁴pɔŋ³³]

　　祁剧表演。祁剧是湖南省传统地方戏剧种之一，又称"祁阳班子"，因形成于祁阳，故名。连州与湖南联系紧密，祁剧通过历史上的楚南会馆传入连州。民间熟知的剧目有《薛仁贵征西》《朱砂印》《目连传》等。现在连州市祁剧曲艺协会仍旧活跃，常有演出。

戏台 [çi⁵³tu²⁴]

　　表演传统戏剧的舞台。1949 年前，星子街就有四五个戏台，每个商会都有一个。逢年过节请戏班子唱戏，其中楚南会馆常请祁剧团，八邑会馆常请广班粤剧团来表演。高档戏台建筑质量好，成本高，故要买票观赏；中低档的戏台则是免费的。秋收后，也有人在农田里用"禾桶" [vou²⁴tʰəŋ⁴⁴]稻桶架起床板，搭制简易戏台。

6-34 ◆连州街

弄猴猿 [ləŋ¹¹hau²⁴iən⁴⁴]

耍猴。农闲时，常见耍猴的场面。一般是玩一个花样，要一次钱。形容人瘦小，说"像猴样"；爱动的小孩，也常常被叫作"猴猿仔"[hau²⁴iən⁴⁴tsɑ⁴⁴]。

□ **滑梯** [ʃuŋ⁵³vɛi³³tʰo³³]

小孩在光滑的泥坡上滑落、嬉戏。背着父母亲，滚了一身泥巴，回家难免招来一顿打骂，但却是童年的一桩乐事。儿童往往乐此不疲。

6-35 ◆箭缆

6-37 ◆ 元壁

关帝庙 [kɔŋ³³ti⁵³mɪu¹¹]

供奉关羽的庙宇。关羽被民间视为"武圣""财神""义圣"，各地都常见其庙宇。年节及关帝诞时，就会有人前往奉上供品，上香奉祀。

门神大哥 [men²⁴ʃin⁴⁴to¹¹kou³³]

大门门神。以前的神像是雕刻的，现在是贴上去的。通常是关羽和张飞，或秦琼和尉迟恭。农历每月初一、十五，或逢年过节，就会有人在门神的位置鞠躬祈祷，在门脚插上香火。以前"捞魂" [lɑo³³ven²⁴] 叫魂返回经过大门时，要拍一拍大门，意为告知门神，孩子的魂魄找回来了。

6-36 ◆ 杨梅

安澜阁 [uŋ^{33}lɔŋ^{24}kao^{11}]

文峰塔。位于丰阳镇夏湟村，是县级文物保护单位。据建造形制考证，建设时间约为清代，一说建于清道光年间。文峰塔为六角五层楼阁式砖塔，通高 20.1 米，塔身比例协调。首层圆拱门，门额上塑"安澜阁"三字，腰檐以菱角砖和挑檐砖出檐。文峰塔保留了清代的佛教砖木结构建筑特色和风貌。

清虚观 [tsʰan³³çy³³kuŋ⁵³]

　　保安镇的福山是道家七十二福地之第四十九福地。当地人为纪念南朝时期的本地人廖冲（字清虚）真人，将他的房子改成了道观，命名为"清虚观"，又名"福山寺""廖仙观"。主体为大殿与左右厢房及斋堂，主供太上老君；另有北帝殿与真君殿，分别供奉真武祖师与廖仙。

东岳行宫 [təŋ³³iao³³haŋ²⁴kəŋ³³]

　　连州东岳山顶的一座道观遗址,建在海拔1600多米的高山上。这座宏伟的宫殿,原来是石墙铁瓦,规模宏大,有前、中、后三大殿。但是由于时间久远,无人修缮,四面只剩下由巨大花岗石砌成的高大石墙。房屋顶上也已是片瓦无存,只剩下湮没在荒草中的蟠龙石雕和石刻梁柱。民间认为东岳大帝是泰山的化身,掌管人间生死、福禄灾害,因此人们对其特别尊崇,不少地方都有"东岳庙"之类的庙宇。

慧光塔 [huɛi¹¹koŋ³³tʰo¹¹]

　　慧光斜塔。是连州城区的古塔，连州地标建筑，全国重点文物保护单位。位于连州市城南的慧光路南端慧光公园内，始建于南朝宋泰始四年（468年），重建于宋代，是我国历史悠久的砖塔之一。塔的一侧有慧光古寺。当地人说"连州古塔无顶"，是因为最初建塔时，顶盖太重，无法提升至塔顶，只能搁置在塔的一边，使得此塔早年无塔尖。慧光塔一共有九层，内有梯级可以登上塔顶。慧光塔是我国古代南方宗教发展史及文化交流中的重要建筑，其鸳鸯交手拱对研究宋代的建筑具有重要意义。

上庐寺 [ʃieŋ¹¹lu²⁴tsʰʅ¹¹]

丰阳街上的一个佛寺遗址。因丰阳镇在历史上被叫作"上庐乡",故此寺得此名。该处曾经是寺庙,后来被废弃,民国时期曾用作国民党地方政府的粮仓。

6-45 ◆小里水

斋堂 [tʃo³³təŋ²⁴]

尼姑庵。图 6-45 和图 6-46 是位于连州市大路边镇小里水村的古华寺，始建于清朝嘉庆年间，距今已有两百多年历史。现已建有大雄宝殿、韦驮殿、弥勒殿、钟楼、客堂、寮房等建筑，并供有佛像。古华寺已成为连州周边佛教信众朝拜之地，逢佛教节日，常有妇女信众前往拜佛还愿。

6-46 ◆小里水

6-50◆西岸街

桥头庙 [cʰɯ²⁴tau²⁴mɯ¹¹]

大桥头上设立的神位。有人在年节喜庆时到此供奉祈福。

老榕树 [lɑo³³iəŋ²⁴ʃy¹¹]

被认为有神明灵性的大榕树。是村子里为了景观、风水、崇拜等留下的老树，生命力旺盛，树龄长。年节有人敬奉供品、烧香祈福等。儿童久病不愈，有些人认为是与父母相克所致，故让儿童认老榕树为"契爷" [kʰa⁵³iei²⁴]干爹。拜契爷时，祖母或者母亲会将孩子的生辰八字写在纸上，用红棉线扎紧，备上供品，带孩子到老榕树前磕头认干爹，并在树上挂红布，祈求树神的保佑。

6-47◆西岸街

中国语言文化典藏

庙仔 [mɪu¹¹tsɑ⁴⁴]

位于村头或村尾的土地庙。供奉的土地神叫作"庙仔公" [mɪu¹¹tsɑ⁴⁴kən³³]。逢年过节、农历初一或十五，或者有喜事时，就会有本地村民去烧香祈福。以前写了字的纸，也可以集中拿到土地庙去焚烧。

6-51 ◆清水

香花祠 [ɕiɐŋ³³fou³³tsʰ1̩²⁴]

村头的小庙。年节会有人去烧香祭奉。

装香 [tʃɔŋ³³ɕiɐŋ³³]

烧香。在逢年过节、农历初一或十五，以及红白大事时，主人早上起床洗漱后，点好三支香、一堆蜡烛，焚香祈祷。作揖方式男女有别：男人是双手合十；女人则是双手抱在胸前，鞠躬。正月初一要筛上甜酒，七月十五则要在晚上烧香。

6-52 ◆连州街

字纸亭 [tsʰ₁³³tʃi⁴⁴tɑn²⁴]

用于焚烧带字纸张的亭子。光星子街就有好几个。以前当地百姓有尊重和珍惜文字的习俗，若发现写有文字的弃纸，就会捡起放在惜字亭内焚烧。不乱扔字纸，是对文化的一种敬畏与爱惜。

辈分图 [pi⁵³fen¹¹tu²⁴]

写明了辈分顺序的红纸。是先祖立下的，多为五字一排，记载在族谱里，也常贴在祠堂里。用于宗亲排序，本村子的人见了长辈要依照辈分来称呼"叔""叔公""伯公"等；取名的时候也要用到，同辈分的人往往用其中相同的一个字。

祠堂 [tsʰ̩24tɔŋ44]

姓氏宗祠。图 6-55 是星子街何氏宗祠，图 6-56 是大园村黄氏宗祠祠堂内景，图 6-57 是东陂街谢氏宗祠。祠堂门口有坪；内有上厅、下厅，正厅上方供奉着祖宗牌位；两侧有厢房。

祠堂是乡村社会重要的公共活动场所，重大节日、村内同宗的红白婚丧、七八十岁的寿庆等都在此举行宴庆活动。以前由宗族内有声望的"族老" [tsʰau³³lɑo³³] 管理钥匙。

6-58 ◆ 丰阳街

修谱 [sɯ³³pʰu⁴⁴]

修族谱。族谱里记载了世系源流、祖功祖德、坟山位置等信息，维系着一脉相承的寻根意识。

算命 [suŋ⁵³man¹¹]

"八字先生" [po¹¹tsʰ¹¹sen³³saŋ³³] 算命的术士根据一个人的生辰八字，查对参考书来"预测"其吉凶、运程。

望风水 [miɛŋ¹¹fəŋ³³ʃy⁴⁴]

看风水。当地人信风水，建房子、造坟地、修灶头等要动土的大事情都得请风水先生来看一看，根据风水理念来确定时间、地点、方位等。出远门、办红白大事时，也要请风水先生"选日子" [sen⁴⁴n̥i³³tsŋ⁴⁴]。

6-59 ◆ 西江街

6-60 ◆ 曹屋

上刀山 [ʃieŋ³³tɑo³³ʃoŋ³³]

一种道教打醮仪式上的表演。刀梯由一根高 12 米的铁柱、十几组锋利无比的钢刀和顶端三把寒光逼人的钢叉组成。在整个上刀山的表演中，表演者要赤脚而上，并在刀梯上表演"金鸡独立""顶天立地""单臂吊刀""倒挂金钩""百猿出洞"等各种高难度、惊险刺激的空中动作。

6-61 ◆ 上河

阳桥 [ieŋ²⁴cʰɪu⁴⁴]

一种民间风俗，以搭建小桥来祈福消灾、积行功德。一般是儿童久病、夜哭、中邪后，祖父母或父母就去询问神仙婆，经其指引，在某些沟渠上象征性地搭建一座小木板桥。建桥时，用红布扎紧桥的两头，或在桥上绑条红绸缎，或钉上七色布；在桥面上写"千人渡，万人渡，帮我细仔过难关"或"某地某信士设立"等字样，以寄托主家某方面虔诚的心愿；摆上供品，焚香祈祷后安放；事毕燃放鞭炮。

八卦 [po¹¹kou⁵³]

民间辟邪用的太极符号用具，挂在门上方。一般对着门前有直冲而来的长巷子，或者面朝气场旺盛的场所。

6-62 ◆ 沙坳

6-63 ◆ 东陂街

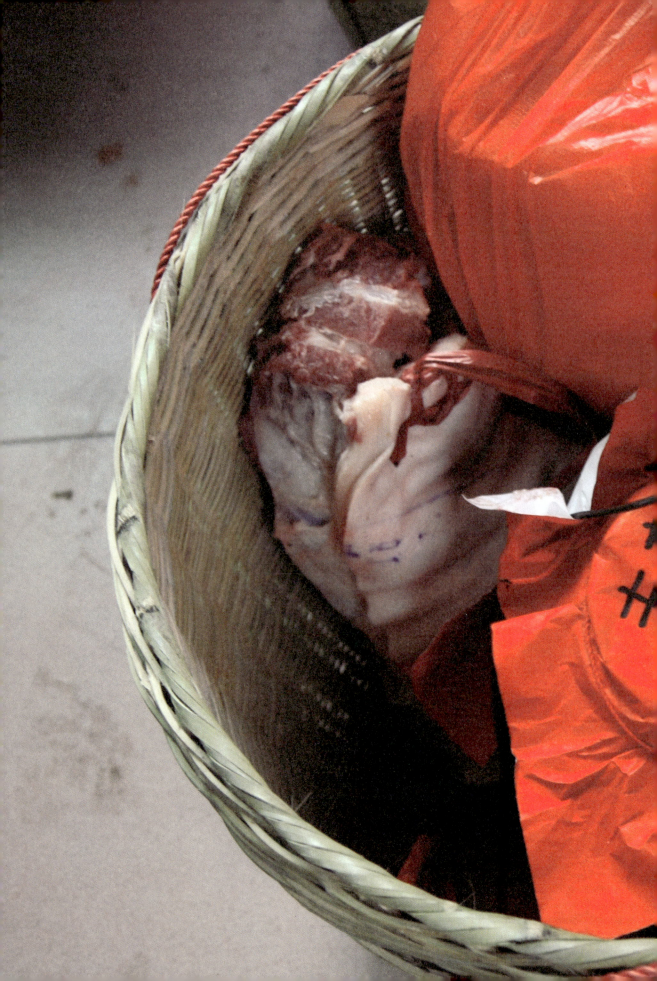

柒·婚育丧葬

生于斯、长于斯，人生一世，草生一秋。婚育丧葬，是人类社会生生不息的关键环节。悲欣交集的人生节点，各地都有不同的礼俗讲究。

婚事，在乡村总是尽量办得排场、喜庆，代表了人们追求幸福生活的美好愿望。在盲婚哑嫁的年代，男女成家依赖"媒人婆"来牵线促成。男子娶亲叫"仔讨亲"[tsɑ⁴⁴tʰɑo⁴⁴tsʰin³³]，有"迎亲""唔见天""闹闺房""奉茶""彩头"等婚俗，包括了连州的城关地区男女从初识、媒人介绍、定亲、成亲到新婚宴尔的各个环节。

生儿育女，有"报生""满月酒""分糊仔""带人"等条目，看得到四个片段。

人的离世，惜哉痛哉，却又是必然的宿命。"棺材""出殡""买水""灵屋""金缸""纸钱""坟头""后岗岭"等条目介绍了连州在丧葬方面的传统习俗。生命无常，丧礼有制。丧俗遵从规范做好了，可以求得一个心定随缘——花开花落的人世，唯有恭敬认真，方显其哀荣。

7-2 ◆博物馆

梳妆台 [ʃɐi³³tʃɔŋ³³tu²⁴]

女子梳妆用的木制桌柜。一般由娘家人当作陪嫁礼物送来。上方是镜子，下方是抽屉，左右有摆放化妆品、小物件等的小格子。女子在打扮上是比较讲究的，往往要花上许多时间整理妆发。以前女子还讲究梳髻，有"酒壶髻""峒婆髻""阿婆髻"等发式，需要用簪子固定。

媒人婆 [mi²⁴n̩in⁴⁴pou⁴⁴]

媒婆。在当地，戏剧舞台上的媒婆形象是这样的：手拿大葵扇，头扎包头帕，手上一条手绢，脸上画一个大黑痣。旧时的婚姻，求婚的男女不见面，为此媒婆牵线很重要，两头收费，两头说好话，进行撮合。"使唔使大葵扇泼一泼？"，意思是问需要不需要媒婆帮你介绍对象，是与此有关的戏谑说法。图 7-1 中间这位是做媒的妇女。

7-1 ◆丰阳街

7-3 ◆连州街

仔讨亲 [tsa⁴⁴tʰao⁴⁴tsʰin³³]

男子结婚，娶亲。以前由媒婆牵线，互送年庚八字，看看是否相合，不合则退回。八字合乎，双方满意，则开始送礼、定亲等环节。过去有钱人家嫁女要备上比较隆重的嫁妆，地主会送上陪嫁田、丫鬟等。男方要送上几十担谷子作为聘金。结婚要选择良辰吉日，洞房内的床面要铺上枣子、花生等，还要请好命、多子、健康的妇女先去睡一下，图个吉兆。送嫁时，迎亲队伍挑着礼品，一路鸣炮陪护。新娘到了新郎家门口，要跨过火盆，以辟邪求吉（见图7-3）。

7-5 ◆连州街

7-4 ◆连州街

食格 [ʃi³³kɑ¹¹]

一种木制器具。浅格，有框，有长柄可穿棍，涂有红漆。办喜事时两人抬着，其中盛装鸡、鸭、牛、猪等肉类及其他一些贵重的物品。

唔见天 [ŋ³³cen⁵³tʰen³³]

新娘下轿后，到男方家一路上需要有伴娘持红伞遮挡，直到进门。因不能头顶青天，这个婚俗被叫作"唔见天"_{不见天}。

迎亲 [n̠ian²⁴tsʰin³³]

迎接新娘。旧时的迎亲，最隆重的环节是用轿子把新娘接进男方家。现在多数用汽车接，但也有复古采用轿子的。新娘到男方家时，需要跨火盆；男方要在接到新娘时，抛出一只大公鸡，并念颂词迎接。

拜天地 [po⁵³tʰen³³ti¹¹]

成亲仪式之一。新娘跨过火盆后，与新郎在家门口各自持香三支，朝着大门外鞠躬、唱喏，向天地致敬，表示感恩与谢意。

喜酒 [çi⁴⁴tsɿ⁴⁴]

嫁妆之一。一般有两坛老酒，以红纸贴上"囍"字，故名。

连州

柒·婚育丧葬

247

奉茶 [fəŋ¹¹tʃʰou²⁴]

婚礼中，新娘给公公婆婆及男方其他长辈献茶的仪式。进门后拜过天地与祖宗牌位，接下来就要"奉茶"，相当于"二拜高堂"。公公婆婆喝过新娘的茶后会还礼，一般婆婆赠送新娘戒指或手镯，公公及其他长辈给"利是" [li¹¹ʃi¹¹]红包。

交杯酒 [kɑo³³pi³³tʃɹu⁴⁴]

婚宴上的仪式。为表示夫妻相爱，在婚礼上夫妻各执一杯酒，手臂相交各饮一口。新婚时饮过交杯酒，寓意夫妻将跟定对方，携手走过一辈子。

彩头 [tsʰu⁴⁴tau²⁴]

好意头。陪嫁的一些物品中,有些是讨个好彩头、表达美好愿望的物件。比如图7-13中,就是以米筛象征"五谷丰登",以扎了红纸的芦苇秆象征"有头有尾",以红筷子象征"快快乐乐",以柏树枝叶象征"松柏常青"。

7-13◆连州街

桂子树 [kuɛi⁵³tsɿ⁴⁴ʃy¹¹]

两广一带,有少数会结果的桂花树,因与"贵子"谐音而被人们激赏。尤其是新婚佳侣,常常去桂子树下许愿、挂彩。

7-14◆连州街

7-15◆石梯

7-16◆连州街

报生 [pao⁵³ʃaŋ³³]

嫁出的女儿生了孩子后，要告诉娘家，娘家的长辈则到祖宗牌位前焚香禀告。

请满月酒 [tsʰan⁴⁴muŋ³³ȵiɐi³³tsɿu⁴⁴]

小孩满月时举行庆祝的酒宴。小儿满月，要剃"满月头"，一般会邀请亲朋好友来一起庆祝一番。因为产妇月子里要吃姜与米酒熬制的"姜酒"[ciɐŋ³³tsɿu⁴⁴]，因此满月酒也常被叫作"姜宴"[ciɐŋ³³ɐn⁵³]。

分糊仔 [pen³³vu²⁴tsɑ⁴⁴]

给婴幼儿喂米糊,也叫"分饭"[pen³³poŋ¹¹]。"糊仔"[vu²⁴tsɑ⁴⁴]是米糊的意思,也叫"羹"。奶水不足以及断奶以后,要给幼儿喂米糊以补充营养。旧时喂食时,大人还会将食物咀嚼烂了以后再喂给小孩。"你食某某的口水食得多",这句戏谑话就反映了当时这个做法。现在大家讲究卫生,不再嚼烂,就做成糊状食物,用汤匙抹入幼儿口中。

四眼八斗 [sɿ⁵³ɲioŋ³³po¹¹tau⁴⁴]

孕妇,也叫"驮肚婆"[tou²⁴tu³³pou²⁴]驮肚:怀孕。女子怀孕后禁忌很多,比如忌爬树、忌去参加丧礼。家里也不能随便敲打钉子,人们认为这样会惊动胎气。

连州 柒·婚育丧葬

7-19◆保安街

棺材 [kuŋ³³tsʰu²⁴]

　　棺木，也叫"木头"[mau³³tau²⁴]，或婉称为"寿桌"[ʃiu¹¹tʃɑo¹¹]。选用上好的杉木制作，外层涂上油漆，放置在老屋。不少人在五十岁以后会提前做好。现在提倡火葬，棺木逐渐少用了。

买水 [mo³³ʃy⁴⁴]

　　亲属去河边取水为逝者沐浴。一般是在逝者刚刚离世不久，亲属就带上香火纸烛去河边祭拜，抛下铜钱（今改为硬币），然后立刻取水回家，用取来的河水给遗体象征性地抹一下。买水时，以观望者人多为吉。

7-20◆连州街

252

灵堂 [lan²⁴toŋ²⁴]

摆放遗体的地方。为逝者沐浴更衣后，要将其移至厅堂，并设置灵堂，以便举办悼念的仪式。常见的设施有灵位、祭拜的香火台、纸扎的"灵屋" [lan²⁴au¹¹] 等。灵屋要在送葬时烧掉。

出殓 [tʃʰi¹¹len³³]

出殡。出殡的日子，需风水先生依据逝者及家属的生辰八字等择期选定。出殡时，孝子孝女要穿上白色的孝服跪拜送行。

7-21◆连州街

7-22◆连州街

连州

柒·婚育丧葬

253

7-23 ◆ 连州街

7-26 ◆ 星子街

金缸 [cin³³kɔŋ³³]

二次葬时使用的陶制过釉的骨殖坛子。连州本地人以一次葬为主，但也有因为公共的工程或风水考虑等原因进行迁坟的。为此要请专业人员开棺，逐一捡起骨殖，依照顺序在骨殖坛子内放好。然后再选择新的坟地进行二次安葬。

钱纸 [tsʰen²⁴tʃi⁴⁴]

纸钱。以前是用比草纸略好一点的"湘纸" [sien³³tʃi⁴⁴]，用铁凿敲打出几排铜钱的样子。现在多为印刷的冥币，有专门的店铺在摆卖。

后岗岭 [hau³³kɔŋ³³lɑn³³]

村子后的风水林，多作为墓地。高大的也叫"后龙山" [hau³³lən²⁴ʃɔŋ³³]。一般种上松树，用于防大风。连州村子后不高的山岭，常常也是这个村子埋葬逝者的主要墓地分布区。

7-27 ◆ 大园

中国语言文化典藏

7-24 ◆连州街

7-25 ◆连州街

寿帽 [ʃɪu¹¹mao¹¹] | 寿鞋 [ʃɪu¹¹ho²⁴]

人过世后穿戴的帽与鞋。多为黑色，上头绣上一些图案与文字。男女样式有些不同。

寿衣 [ʃɪu¹¹i³³]

逝者穿着的衣服。老年人一般在生前就做好逝世后要穿的衣服，美称为"寿衣"，寓为健康长寿之意。逝者离世后，亲属要立即为其穿上备好的寿衣、鞋帽等。

坟头 [fɛn²⁴tau²⁴]

坟地上的堆土，也指整个墓地。坟头最上方叫作"坟顶"[fɛn²⁴taŋ²⁴]，墓碑叫作"碑记"[pi³³ci⁵³]，墓碑前摆放祭品的位置叫作"祭台"[tsa⁵³tu²⁴]。当地扫墓，最常用的祭品是"三牲"[sɔŋ³³saŋ³³] 鸡、猪、羊等三类祭品（见图 8-5）。

7-28 ◆廖村

捌·节日

连州是个崇尚过节的地方，一到各种节日，家里至少都会增添几碟菜肴，邀请亲友来分享美食。

春节除了一般的迎神纳吉、张灯结彩、舞龙舞狮之外，还有一些独特的表演，如"唱春牛"等。

连州的元宵节很是热闹。东陂镇的舞火狮，烟火飞扬，鞭炮齐鸣，锣鼓喧天，壮汉勇敢地赤裸上身去迎接燃爆的鞭炮，场面刺激。这时，我们还能感受到很朴素但依然感人的力量。大家不是演给别人看，而是自娱自乐，所有的表情和动作都很自然。我们能在年轻人身上感受到豪放、自由。这样团结的盛会，能让参加的人感受到亲情的力量，让离乡的人更想念自己的家乡。

端午节，当地还要喝雄黄酒、洗药浴。西岸镇每年都会在河道上举办龙舟赛，引

中国语言文化典藏

来成千上万的游客围观。

六月初六，不论是瑶安的"神老节"还是城郊沙坊村的"浴佛"，都要把神像抬到清澈的河水里去洗涤，这个习俗在其他地方并不多见。

中秋节，星子的舞火龙也是远近闻名。男子赤膊迎战燃炮，与舞火狮是一样的激烈。

重阳节，保安镇"抬大神"的酬神盛会非常有影响力。

年节相聚，乡人既沟通感情，又分享时令美食。不少人在节庆前准备好各种糕点、果蔬、美酒与佳肴，用于招待前来相会的亲友。

到了重大节庆，慕名而来的游客很多，也有大批的采风记者、风情摄影爱好者。不少人远道而来，带上专业的摄录器材，为的是一睹连州节日那块奇灿烂的民俗风情，以摄下精彩瞬间。

过年 [ku⁵³nen²⁴]

　　过春节。春节是一年中最大的节日，多数人家年前要准备年货，农村要宰猪、宰鸡等，还要将家里打扫得干干净净。除夕当天要贴好春联，讲究的大户人家还要挂好灯笼；下午要洗好澡，穿上新衣服；晚上一家人团聚，一起"食年饭" [ʃi³³nen²⁴pɔŋ¹¹]吃年夜饭。年夜饭上，人们会把鸡腿给小孩，把鸡头给老人。

　　人们也很讲究祭祀。腊月二十三送灶，除夕要接灶；要去祠堂祭拜祖先；还要去本地神祇那里烧香上供品（见图8-2），感谢神明保佑，祈求新年顺利。正月初一一大早，要开门恭迎财神来到。

　　正月初一拜年时，要开口说吉利语，互相道贺。过年前后，长辈给晚辈发放红包，叫作"筈年利是" [tʃɑ¹¹nen²⁴li¹¹ʃi¹¹]。

　　星子镇一带，正月初三是外嫁女子"赴姥屋" [fu⁵³tou³³au¹¹]回娘家的日子。

　　正月初一到正月十五期间，各地舞龙、舞狮子、"唱春牛"、表演高跷等，热闹非凡。

写门对 [sɛi⁴⁴mɛn²⁴ty⁵³]

　　写春联。春节之前要写好对联，除夕当天要张贴到大门上去，以装点节日的喜庆气氛。贴在门上的对联若别致精妙，也有人驻足欣赏，交口传颂。村子里一般请有文化的人来书写，现在不少人去商店购买印刷好的成品。

门纸利是 [men²⁴tʃi⁴⁴li¹¹ʃi¹¹]

　　贴在门楣上的红纸条，"利是" [li¹¹ʃi¹¹] 是红包的意思。一般是过年或红白喜事时，为了喜庆气氛而贴上去的。大门上一般贴五张；其他地方一三五不论，但一定要单数。

纸炮 [tʃi⁴⁴pʰɑo⁵³]

　　鞭炮。常见的也叫"辘头纸炮" [lau³³tau²⁴tʃi⁴⁴pʰɑo⁵³]。图 8-6 这种成捆的以前比较少见。二踢脚叫作"两响炮" [lieŋ³³çieŋ⁴⁴pʰɑo⁵³]。

8-4 ◆石角

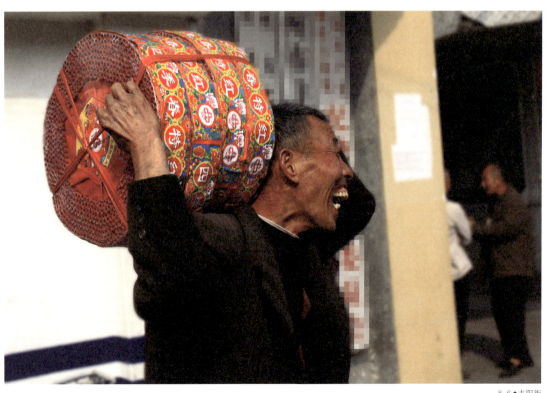

8-6 ◆丰阳街

中国语言文化典藏

三牲 [soŋ³³ʃaŋ³³]

年节或其他祭祀场合使用的祭品。一般以猪、鸡、羊为代表。

8-5 ◆石角

灯笼 [taŋ³³ləŋ²⁴]

年节时悬挂的照明用具，可渲染喜庆的氛围。以前一般是自己制作，竹篾扎成骨架，糊上红纸，内置蜡烛，成对地挂在大门口。"盲公点灯笼——白费力"瞎子点灯白费蜡，是和它有关的歇后语。

唱春牛 [tʃʰieŋ⁵³tʃʰyn³³n̠ɹu²⁴]

当地一种有悠久历史的民间舞蹈，春节期间常在大村表演。表演者一般为 5 人，有生角、旦角和丑角等。生角手提用竹篾搭架、用纸糊成的小牛，其中小生挑着木桶；丑角身披蓑衣，头戴草帽，手扶小木犁；花旦挑着花篮，婆旦手摇大葵扇和手绢。一段吹打乐声后，随着二胡、笛子的伴奏，生角领唱、众人和唱，同时舞着莲花步。载歌载舞，表演诙谐，妙趣横生。

唱词每段 4 句，唱一段，舞一圈。舞完一圈后，伴乐声止，丑角放下木犁，表演捡田螺、捉泥鳅等场景；时而唱上几句，时而与生角、旦角打诨逗乐，时而与观众互动。

在连州，"唱春牛"最早流行于九陂、东陂、龙潭、西岸等地，后渐渐遍及连州各地。

8-9◆清水

糖琅＝括＝[tɔŋ²⁴lɔŋ²⁴kʰo¹¹]

　　一种糯米糕点，春节必备。一般口味都是甜的，即干糯米粉加入白糖和清水，搓成块状，切条后手工捏接成三环相扣的样子，入锅油炸而成；也有咸口味的，用盐不用糖，一般还要配上一些胡椒粉、蒜叶、葱花等。如果只是简单切好成丁，不捏成环形，就叫作"猫公屎"[mao²⁴kən³³ʃi⁴⁴]。

8-10◆连州街

8-12◆保安

舞火狮 [u⁴⁴fou⁴⁴ʃi⁴⁴]

　　东陂镇庆祝元宵节的一个节俗（见图 8-11），发源于清朝咸丰年间。每年正月十五，东陂人都会以舞火狮的形式来庆贺元宵佳节，祈求新一年的福寿、安康。

　　火狮由狮头和狮尾组成，各由一人舞动。大家把点燃了的鞭炮往火狮身上或扔或掷，舞狮人踩着鼓点，舞动狮头狮尾，当鞭炮袭来时，高挡低拨，左扫右甩，用高超的技艺和无比的勇气去表演舞狮，赢取观众的掌声和喝彩。

8-11◆东陂街

　　沿街的店铺、住户，每年都会准备大量的鞭炮去烧炮炸火狮；有些大户人家，还专门雇请"炮手"来烧炮。据说谁家的鞭炮烧得越多，谁家当年的丁财就越兴旺。在那些比较宽敞的街段，更是七八户甚至十来户人家组合起来，围成一个大圈，给舞狮人腾出更广阔的空间，让每个舞狮人都能忘情地表演。

舞龙 [u⁴⁴ləŋ²⁴]

年节喜庆时，舞龙助兴是群众非常喜欢观赏的活动。一人举龙头，其余数人举黄布做成的龙身，随着锣鼓的节奏上下翻飞，模仿龙在云中飞腾（见图 8-12）。

舞狮子 [u⁴⁴ʃi³³tsɿ⁴⁴]

舞狮。连州民间舞狮历史源远流长，种类繁多，有南狮（醒狮）、鸡公狮、独角狮等。南狮在连州较为流行，个头大，造型威猛，一人舞狮头、一人在后面披狮被作为狮身。舞狮时，还会配以大锣、大鼓、大钹。舞者配合音乐的节奏，十分注重马步，做出各种姿势，以表现出狮子的威猛形态，生动异常。人们通过热闹助兴的舞狮表演，来祈求新的一年生活吉祥如意，事事平安。

大的村子多组有狮团。有专门的培训，请"教打师傅"进行专业指导，晚上练习动作套路；配有锣鼓乐队；有戴着面具的人，扮演"大头佛"[to¹¹tau²⁴fa³³] 南狮中的一个逗狮角色、猴子来助兴；也会安排刀叉棍戟等武术器械表演。

舞狮队伍半路相遇时，多要相让，也有喜争高低、引发冲突打斗的。

8-13◆陵田

马鹿 [mou³³lau³³]

舞马鹿。一百多年来流传在连州市西岸镇东田坪村的一种特有的中国民间舞蹈，多在正月期间表演。舞马鹿是省级非物质文化遗产保护项目。马鹿是一种非鹿非马非牛的半仙动物，象征着福寿和吉祥。每逢节日或喜庆之时，当地百姓就会以舞马鹿这种舞蹈表达辟邪除灾、迎祥纳福的美好愿望。

舞马鹿的舞蹈动作是在粤北采茶舞的基础上加工创新而成的，表演分"跟踪""扑鹿""驯鹿"三个情节展开。整个表演风趣幽默，很有特色，猎人的矫健潇洒、马鹿的敏捷可爱，都得到生动的体现，充满了生活气息。

踩高脚 [tʃʰo⁴⁴kao³³ce¹¹]

踩高跷，是星子、东陂等地楚南会馆带来的文化习俗。年节喜庆时有人请来表演。舞者脚上绑着长木跷进行表演，同时也会有人在旁伴唱。踩高跷技艺性强，形式活泼多样，深受群众喜爱。"踩"星子镇读 [tʃʰo⁴⁴]，比较独特。

8-16 ◆ 大园

割坟头草 [ku¹¹fen²⁴tau²⁴tsʰɑo⁴⁴]

用镰刀等清理灌木杂草。

作坟头 [tsɑo¹¹fen²⁴tau²⁴]

给坟头加土。从外围挖下一块带草根的土块，由扫墓的几人传递到坟头上。当地人认为，坟头看起来高大丰隆才好，象征家族兴旺。

8-17 ◆ 大园

挂纸 [kou⁵³tʃi⁴⁴]

扫墓。连州祭祀祖坟，是在清明前后进行的。先要去祠堂烧香，再去山上的坟地，回来后再去祠堂聚会用餐。有如下七个步骤：

首先"割坟头草"；其二是"作坟头"；其三是"插钱纸" [tsʰou¹¹tsɐn²⁴tʃi⁴⁴]，往坟墓周围插上纸钱，如图8-18；其四是"加坟顶" [kou³³fɐn²⁴tan⁴⁴]，将正反两个土块叠放在坟顶，上面插一根树枝，这根树枝被叫作"摇钱树" [iɪu²⁴tsʰɐn²⁴ʃy¹¹]；其五是"供养" [kəŋ⁵³iɐŋ⁴⁴] 供奉祭品，将烧猪、整只熟鸡、熟蛋、糍粑等祭品摆放好；其六是放鞭炮，焚香点蜡烛，请祖先享用，奠酒三巡，焚"五彩衣" [ŋ³³tsʰu⁴⁴i³³] 一些做成衣服样子的彩色纸；最后是依照长幼顺序先后跪拜祖先，结束。

8-18◆大园

扫墓是一个大家族聚会的日子，连州人非常重视。在外地工作的人都要赶回家中，往往过年时都聚不了那么齐。清明节，人们也会做些米糕。当地有个说法："清明唔做糍，蚊虫蛀眼皮。"

吊图 [tɪu⁵³tu²⁴]

清明节时将祖宗世系图挂在祠堂内供族人供奉祭祀。吊图当日，由本族族老主持，将祭拜过祖宗的猪肉分给族内男丁，叫"分清明肉" [pɐn³³tshan³³man²⁴ȵiau³³]。领肉回家时，星子镇的习俗是拎着肉的尾端，有点与众不同。

8-19◆星子街

271

爬龙船 [pou²⁴ləŋ²⁴ʃɵn²⁴]

　　划龙舟。西岸镇的龙舟赛由来已久，曾一度停办。20 世纪 80 年代后，西岸龙舟赛恢复举办，成为当地一年一度的端午盛事。各村的青壮年个个摩拳擦掌，不甘人后，即使远在千里之外也要专程赶回老家参加比赛。

　　龙舟长约 28 米，能容纳 30 余名选手；龙头高昂，龙尾高卷；以红、黑、灰、黄、白、绿等颜色彩绘。划龙舟前，先要举行祭礼。人们将"龙头"供奉于祖宗祠堂，摆上祭品，点上香烛，燃放炮仗。由主祭人宣读祭文，表达人们祈求祥和美好的愿望。比赛开始，只听一声号令炮响，龙舟如蛟龙入海。司鼓手锣鼓打得震天响，观众呐喊助威声，漫天的炮仗声，划船队员"嗨！嗨！嗨！……"的高呼声，此起彼伏。龙舟赛可谓万人空巷，声势浩大。除了本地群众围观外，还有来自四面八方的客人。获胜方的奖励一般是一头"金猪"[cin³³ty³³]烧烤的全乳猪。

8-22◆西岸街

8-20◆西岸街

五月当 [ŋ³³n̠iɐy³³tɔŋ³³]

端午节。这天的传统是在房屋周围撒石灰粉，在门口插上艾叶、牡荆等带有香气的植物。在西岸镇，很多人还会在门口插上一支大香，象征着驱除蚊虫蚂蚁。大人还常在孩子的眉心及肚脐上点一点雄黄酒；洗澡后，还让孩子挂一个香包。这个节令也是杨梅成熟的日子，素有"五月中，杨梅红通通"的说法。西岸镇还会举行大型的龙舟比赛。

龙船桨 [lǝŋ²⁴ʃǝn²⁴tsiɐŋ⁴⁴]

划龙舟用的桨。多为杉木板做成，1米长。龙舟竞赛时，一人一把。

8-21◆西岸街

8-23 ◆ 西岸街

8-25 ◆ 㖡罟

水糍 [ʃy⁴⁴tsʰ̩²⁴]

粽子。糯米浸泡后，取出滤干水分，添加花生、黄豆等馅料，以用热水烫软的箬竹叶子包裹捆扎，放在大锅内猛火煮烂，捞起滴水晾干。包着肉类的，就是肉粽。粽子是端午节的应时食品，一般人家都会做一些。

水糍叶 [ʃy⁴⁴tsʰ̩²⁴i³³]

箬竹的叶子，也叫"大竹叶"[to¹¹tʃau¹¹iei³³]。用来包粽子、做斗笠。街上买到的常常是干的，需要浸泡后恢复韧性才能用。

头枕水糍 [tau²⁴tʃin⁴⁴ʃy⁴⁴tsʰ̩²⁴]

长方形的一种粽子。以箬叶或荷叶包上用糯米、腌制的肥肉、南乳、花生米、眉豆、咸蛋黄等做成的馅料，扎紧后，放在大锅内以慢火烧一个晚上。特点是油香四溢，故常拿来送礼。

8-24 ◆ 连州街

8-26 ◆星子街

舞火龙 [u⁴⁴fou⁴⁴ləŋ²⁴]

　　星子镇庆祝中秋的一种娱乐方式。每个小村出一条用稻草扎成的香火龙，六七个赤裸上身的青年壮汉组成一个舞龙队，手持龙头的人带着队伍跟着龙珠跑动。队伍经过商铺时，商铺会点香火迎接，商人将鞭炮特意扔到舞龙者的身上。鞭炮常常让舞龙者身上起泡，但大家认为这是吉利的事情，认为起泡越多越好。但这种习俗有时也会引起冲突和混乱。舞龙队伍也伴随着一些拿着葵扇的助手，助手一边走，一边适当遮挡、扇去鞭炮。每场舞龙活动持续三四个小时，第三个晚上半夜送龙入海。以前的路线是从新塘到福兴街，现在改为在广场上绕行了。

连
州

棚
·
节
日

275

洗佛节 [sa⁴⁴fa³³tsei¹¹]

农历六月初六，连州镇沙坊村举办的一个酬神节日，现在是省级非物质文化遗产项目。沙坊是一个有上千年历史的村寨，全村姓石。当地百姓认为，六月初六的河水是一年当中最洁净的，在这天把佛像上的尘土洗干净，"神佛" [ʃin²⁴fa³³]本地的神，与佛教无关就会保佑黎民。

早上八九点，仪式开始。祭师引路，八音队和醒狮队开道，从东岳庙里把神像请出来，先摆放在祠堂拜祭一番。随后在鼓乐、八音队伍的簇拥下，先后摆放到村子的四座门楼里，接受村里各家香火拜祭。礼毕，神佛们被扛抬到村边的大龙河中，男女老幼一起下河替神佛洗浴，

并互相泼水玩乐。洗神完毕，将神像放置岸边，绑上红绳，烧香烛、纸钱拜祭。活动最后是"抢鸡"助兴环节，河中央浴佛的人都要参加。村人会将五六只大公鸡高抛于空中，众人于水中群起抢夺。抢鸡的过程，要求"力争上游""分而食之，不可独占"。"抢鸡"游戏后，游行队伍把众神送回东岳庙，再拜祭，庆典活动结束。

　　中午，热情的沙坊人厚备佳肴，在石公宗祠摆设几十桌宴席，宴请从四面八方前来过节的石氏后裔和助兴来宾。席间，村里的八音队、醒狮队轮番表演，热闹非凡。

连州　　捌·节日

277

抬大神 [tu²⁴to¹¹ʃin²⁴]

　　保安镇重阳节举办的一种酬神活动。传说始于唐末，是一项传承千年的大型民俗活动。保安村"抬大神"的队伍一般由大神队、高神队、故事队、彩旗队、仪仗队、老人队、舞龙队、舞狮队、八音队、十样锦乐队等组成，浩浩荡荡，十分壮观。"大神"为西岳大帝；"高神"为保安本地的先贤，分别有廖冲、孟宾于、廖玖、廖颙、蔡其基、白公、廖大姑婆、灵王公、总兵公等近 20 尊神像；"故事"是民间一些经典故事人物，如刘备、关羽、张飞、许仙、白娘子、武松、杨宗保、穆桂英，等等。"大神"和"高神"均由成人戴上面具扮成，"故事"中的人物则由孩童扮成，每尊"神"和"故事"中的人物均需站在较高的木台上，由 4 到 8 人抬起，沿街游舞，旨在驱邪赶鬼魅，祈福求平安。

　　保安镇每年由各坊轮流出"神"游行。重阳节期间，初八下午三时"出神"，晚上九时"迎神"。初九早上六时许，众"神"到村北面的静福山拜祭神灵。下午三时，是最隆重的"大神盛会"。判官在"高神"前，脚踩八卦步，口念判词，众人抬着众"神"左右摇摆，围观者以"哟嗨"声应和，从保安街文明坊游起，直至街尾，然后在文明坊的高神坪歇息。傍晚五时许，又从高神

8-30 ◆保安街（邱贵星 摄）

坪游行至下街。每到一处，家家烧高香，户户燃鞭炮，锣鼓喧天，人山人海，热闹非凡！晚上七时许，盛会结束。初十上午，各坊龙狮上街拜舞，送客致谢。

　　此外，重阳节这一天，家家还要制作各种特色小吃美食，庆祝过节。

春社 [tʃʰyn³³ʃɛi³³]

　　社日，立春后的第五个戊日。人们在当天的早餐过节。星子人过社节最隆重，家家煮荷包蛋。打个鸭蛋在碗中，用竹筷在蛋黄中间穿个洞，将瘦肉、冬笋、葱花做成的馅，慢慢顺着筷子灌入蛋黄中。待蛋黄与馅料膨胀至碗口时，立即抽出筷子，倒入滚油锅中，用大火将荷包蛋炸至金黄香脆即可。荷包蛋送给邻居小孩，叫作"送了社" [sɔŋ⁵³lzu³³ʃɛi³³] 了：舌头，据说吃了会能说会道、健康成长。

8-31 ◆星子街

玖·说唱表演

经过长时期的发展，各地方言里都存在着丰富多彩的口彩、禁忌、俗语、谚语，流传着用本地方言讲述的民间故事、用本地方言演唱的民歌。有的还拥有独特的地方曲艺和地方戏。这些具有浓郁地方特色和民间智慧的语言文艺，无疑是方言文化的重要内容。不过，这些文艺主要以语言为载体，世代口耳相传，难以像前面几章那样通过图片来表现。为了展现连州方言文化的完整性和独特魅力，我们把这些纯语言类的方言文艺集中收录于此。

本章包括口彩禁忌、俗语谚语、歌谣、故事四个部分。口彩即吉利话、吉祥语，讨口彩就是使用吉利话；禁忌语是在某些场合需要避讳的语言文字成分，用于代替禁忌语的话语是婉辞（委婉语）。连州土话里的口彩、婉辞比较丰富，说明当地语言崇拜观念、语言迷信心理普遍存在。连州土话的俗语谚语极其丰富，且常常出现在日常对话中，这里摘录了部分常用的语料，大致按顺口溜、俗语、谚语、歇后语、谜语的顺序排列。旧时，农村很流行对山歌，田间山头劳作之余，常常即兴对唱。星子山歌以个人咏叹为主，内容情真意切，朴素大方，但配合乐器表演的还比较少。连州土话星子点的摇篮曲、童谣也非常丰富，这里摘取了最具代表性的几首童谣。

本章不收图片，体例上也与其他章有所不同。其中俗语谚语、歌谣、故事几部分大致按句分行，每句先写汉字，再标国际音标，如需注释就用小字加在句末。每个故事在最后附普通话意译。本章收录了一些山歌，发音均为连州土话代表点星子话。记音时按实际发音记录，但也标了声调。讲述故事时，语流音变现象（脱落、弱化、合音等）比较常见，本章完全依据讲述人的实际发音记录。

落地开花。[lao³³ti¹¹hu³³fou³³]

　　碗掉到地上，碎裂了，若是喜庆的场合或者客人在场，就说这个吉利话语来调节气氛。

快快乐乐。[kʰua⁵³kʰua⁵³lao³³lao³³]

　　筷子掉到地上，若是喜庆的场合或者客人在场，就说这个吉利话语来调节气氛。

快高快大。[fo⁵³kao³³fo⁵³to¹¹]

　　称赞幼童的吉利语。

恭喜发财。[kəŋ³³çi⁴⁴fo¹¹tsʰu²⁴]

　　新年见面的祝福语。

四方顺利。[sɿ⁵³foŋ³³ʃin¹¹li¹¹]

　　对即将出远门的人说的吉利语。

勤力读书。[cʰin²⁴lae³³tao³³ʃy³³]

　　勉励孩子读书的用语。

读书聪明。[tau³³ʃy³³tsʰəŋ³³man²⁴]

　　鼓励孩子读书的用语。

旺旺相相。[vɔŋ¹¹vɔŋ¹¹sieŋ⁵³sieŋ⁵³]

　　看望病人说的话语。

入伙平安。[n̠i³³fou⁴⁴pan²⁴uŋ³³]

　　迁新居时说的吉利话。

有身孕。[iu³³ʃin³³yn¹¹]

　　怀孕的斯文表达。直接表述则说"大肚婆"。

做阿爹。[tsu⁵³a³³tɛi³³]

　　做了爷爷。有了孙子时别人这么说。

做阿伯。[tsu⁵³a³³pa²⁴]

　　做了奶奶。有了孙子时别人这么说。

做老者。[tsu⁵³lao³³tʃɛi⁴⁴]

　　做父亲了。生了儿子时别人这么说。

做老母亲。[tsu⁵³lao³³mu³³tsʰin³³]

　　做妈妈了。生了儿子时别人这么说。

添丁。[tʰɛn³³tan³³]

　　生男孩了。比直接说"生仔"好听。

赴屋仔。[fu⁵³au¹¹tsa⁴⁴]

　　去上厕所的婉称。比直接说"赴屙屎"好听。

赴小便。[fu⁵³sɪu⁴⁴pɛn¹¹]

　　去小便。比直接说"赴屙屎"好听。

赴望山。[fu⁵³miɐŋ¹¹ʃɔŋ³³]

　　婉称寻找安葬的坟地。

唔自然。[ŋ³³tsʰ ʅ¹¹iɐn²⁴]

　　小病的婉称。

藤医生。[tiɐŋ²⁴ie³³ʃaŋ³³]

　　看病的婉称。

煀茶。[vɐn²⁴tʃʰou²⁴]

　　煲中药的婉称。

牛鞭。[ȵiu²⁴pɐn³³]

　　公牛生殖器，作为食物时的婉称。

鸡蚊⁼。[ka³³mɐn³³]

　　鸡屁股，作为食物时的婉称。

走啦。[tsau⁴⁴la⁰]

　　去世，人死的婉称。

升天。[ʃan³³tʰɐn³³]

　　上天堂，人死的婉称。

唔在啦。[ŋ³³tsʰou¹¹la⁰]

　　不在了，人死的婉称。

巴背巴。[pou³³pi⁵³pou³³]

　　狗交配的婉称。

寿桌。[ʃɹu¹¹tʃao¹¹]

　　棺材的婉称。

大号。[to¹¹hao¹¹]

　　问人的名字。

公子。[kəŋ³³tsɿ⁴⁴]

　　尊称对方的儿子。

小姐。[sɹu⁴⁴tsɛi⁴⁴]

　　尊称对方的女儿。

配⁼□。[pʰɛi⁵³tsʰiu⁵³]

　　小孩受到惊吓后说的安慰话语。

耳背。[ni³³pi⁵³]

　　耳聋的婉称。

空屋。[kʰəŋ⁵³au¹¹]

　　空房子的说法。"空"读去声。

汤猪。[tʰɔŋ³³ty³³]

　　杀猪的婉称。本义是用滚烫的开水来辅助除猪毛。

二俗语谚语

清明前，好种棉；[tsʰan²⁴man²⁴tsʰen²⁴, hao⁴⁴tʃəŋ⁵³men²⁴]

清明后，好种豆。[tsʰan²⁴man²⁴hau¹¹, hao⁴⁴tʃəŋ⁵³tau¹¹]

这个农谚说明了清明节气的前后分别适合栽种什么作物。

芋头唔过社，过了社，一粒还一粒。[vu¹¹tau²⁴ŋ³³ku⁵³ʃɛi³³, ku⁵³le⁰ʃɛi³³, a³³lɛi³³vəŋ²⁴a³³lɛi³³] 唔：不

种植芋头，宜早不宜迟。若过了春社日，则不会分蘖繁殖，一粒还是一粒。

小暑小割，大暑大割。[sɪu⁴⁴ʃy⁴⁴sɪu⁴⁴ku¹¹, to¹¹ʃy⁴⁴to¹¹ku¹¹]

小暑节气，开始收割；大暑节气，就开始进入忙碌的夏收。

处暑节，唔割自己跌。[tʃʰy⁵³ʃy⁴⁴tsɛi¹¹, ŋ³³ku¹¹tsʰ˥¹ci⁴⁴tei¹¹] 唔：不

过了处暑，再来收割就迟了，成熟的稻谷就掉落了。

一日春耕三日粮，[a³³ɲi³³tʃʰyn³³kaŋ³³səŋ³³ɲi³³lieŋ²⁴]

失了春耕冇路藤。[ʃi¹¹le⁰tʃʰyn³³kaŋ³³mao³³lu¹¹tieŋ²⁴] 冇：没有

春耕每一天都很重要，错失春耕时机，就束手无策。

七月种葱，八月种蒜。[tsʰe¹¹nieɣ³³tʃəŋ⁵³tsʰəŋ³³, po¹¹nieɣ³³tʃəŋ⁵³suŋ⁵³]

七月适合种植葱苗，八月适合种蒜苗。

连州 玖·说唱表演

287

立秋落雨十八日，[li¹¹tsʰɪu³³lao³³u³³ʃi³³po¹¹n̠i³³]

秋前秋后秋老虎。[tsʰɪu³³tsʰen²⁴tsʰɪu³³hau¹¹tsʰɪu³³lao³³fu⁴⁴]

    立秋那天下雨，则连着一段时间都会下雨。并且在秋分前后，天气会炎热，即所谓的"秋老虎"。

秋前三日冇禾割，[tsʰɪu³³tsʰən²⁴sɔŋ³³n̠i³³mɑɔ³³vou²⁴ku¹¹] _{冇：没有}

秋后三日割唔赢。[tsʰɪu³³hau¹¹sɔŋ³³n̠i³³ku¹¹ŋ³³iɑn²⁴] _{唔赢：来不及}

    立秋前三天稻子还没怎么成熟，但到了秋后就非常忙碌要割稻子了。

雷打秋，干白焦。[ly²⁴tou⁴⁴tsʰɪu³³，kuŋ³³pa³³tsɪu³³]

    立秋日如果听到雷声，冬季就会歉收。

夏至秧，就日夜长。[hou¹¹tʃi⁵³iɛŋ³³，tsʰɪu¹¹n̠i³³iɛi¹¹tʃʰiɛŋ²⁴]

    夏至时候的秧苗，生长速度很快。

清明晴，花树吊银铃。[tsʰɑn³³man²⁴tsʰan²⁴，fou³³ʃy¹¹tɪu⁵³n̠iɛn²⁴lan²⁴] _{花树：棉花的植株}

    清明那日天晴的话，意味着棉花将有好的收成。

月光生毛，水漕漕。[n̠iɵy³³kɔŋ³³ʃaŋ³³mɑɔ²⁴，ʃy⁴⁴tsʰɑɔ²⁴tsʰɑɔ²⁴] _{月光：月亮；生毛：月晕}

    出现月晕，则预示着近期将要下大雨。

一日南风三日雪，[a³³n̠i³³nɔŋ²⁴fəŋ³³sɔŋ³³n̠i³³sɵy¹¹]

三日南风壅过头来歇。[sɔŋ³³n̠i³³nɔŋ²⁴fəŋ³³ən³³ku⁵³tau²⁴lu²⁴hɵy¹¹] _{壅：覆盖}

    冬季若吹起南风，则意味着要连下三天雪；三天连着吹南风，则就要下大雪，要好好盖上棉被歇会了。

禾恐夏至风，人恐老来穷。[vou²⁴fəŋ⁴⁴hou¹¹tʃi⁵³fəŋ³³，n̠in²⁴fəŋ⁴⁴lɑɔ³³lu²⁴kʰəŋ²⁴] _{恐：害怕}

    稻子到了夏至就要成熟了，刮风会引起倒伏；人老了还没发达，则穷途末路，让人担忧。

茄仔冇油滑溜溜，[kʰɵy²⁴tsa⁴⁴mɑɔ³³iɪu²⁴vɛi³³lɪu³³lɪu³³] _{冇：没有}

苦瓜冇油苦焦焦。[fu⁴⁴kou⁴⁴mɑɔ³³iɪu²⁴fu⁴⁴tsɪu³³tsɪu³³]

    茄子没油，煮着吃还能吃；苦瓜没油，下锅则很苦，难以下咽。

豆角冇油食得赴，[tau¹¹kao¹¹mao³³iu²⁴ʃi³³ta¹¹fu⁵³] 冇：没有；赴：去

田螺冇油当得丢。[ten²⁴lou⁴⁴mao³³iu²⁴toŋ⁵³ta¹¹tɿu³³]

　　豆角下锅，没油还能将就，吃得下去；田螺若没油，不管怎么做，都无法入口，不如丢弃。

树大分权，仔大分家。[ʃy¹¹to¹¹fen³³tʃʰou³³，tsa⁴⁴to¹¹fen³³kou³³]

　　树木长大会分权，儿子长大了会分家。

爷亲叔大，娘亲舅大。[iei²⁴tsʰin³³ʃau²⁴to¹¹，ȵieŋ²⁴tsʰin³³cʰɿu³³to¹¹] 爷：父亲

　　父亲这边，要敬重叔叔；母亲这边，舅舅的位置很重要，不可怠慢。

仔女冇良心，惨过打单身。[tsa⁴⁴ȵy³³mao³³lieŋ²⁴sin³³，tsʰɔŋ⁵³ku⁵³tou⁴⁴toŋ³³ʃin³³] 冇：没有

　　年老时如果遇到子女不孝顺，则连单身汉都不如。

学好三年，学坏眼前。[hao³³hao⁴⁴sɔŋ³³nɐn²⁴，hao³³vo¹¹ȵieŋ³³tsʰɐn²⁴]

　　学好需要耐心修炼；学坏则很容易，随时就可以发生。

一代舅，两代表，[a³³tu¹¹cʰɿu³³，lieŋ³³tu¹¹pɿu⁴⁴]

三代拳头扐下手。[sɔŋ³³tu¹¹kʰɐn²⁴tau²⁴ku⁴⁴hou³³ʃɿu⁴⁴]

　　第一代还是叫舅叫甥；第二代就变成了表兄弟、表姐妹；到了第三代，关系疏远，甚至拿起拳头彼此动粗了。形容亲缘关系一代比一代疏远。

唔恐风，唔恐雨，[ŋ³³fəŋ⁴⁴fəŋ³³，ŋ³³fəŋ⁴⁴u³³] 唔：不

唔恐雷公落大雨。[ŋ³³fəŋ⁴⁴ly²⁴kəŋ³³lao³³to¹¹u³³]

　　形容一个人无所畏惧，什么都不怕。

正月正，舞龙灯；[tʃan³³ȵiɵy³³tʃan³³，u⁴⁴ləŋ²⁴taŋ³³]

二月二，冬瓜匏仔齐下地。[ȵi¹¹ȵiɵy³³ȵi¹¹，təŋ³³kou³³pu²⁴tsa⁴⁴tsʰa²⁴hou³³ti¹¹]

　　正月初，还在舞龙灯过年；二月初，就开始各项耕作，忙碌起来了。

三月三，枇杷用担担；[soŋ³³ȵiɵy³³soŋ³³，pi²⁴pou²⁴ȵiɵŋ¹¹toŋ⁵³toŋ⁵³] 担担：挑担子

四月四，织幼缯。[sɿ⁵³ȵiɵy³³sɿ⁵³，tʃɑe¹¹iu⁵³tsɿ⁵³] 幼缯：苎麻的纤维

　　三月三，当令水果枇杷上市；四月四，抽取苎麻纤维来织布。

五月中，杨梅红通通；[ŋ³³ȵiɵy³³tʃoŋ³³，iɐŋ²⁴mi²⁴hɐŋ²⁴tʰən³³tʰən³³]

六月六，苦瓜炒牛肉。[lau³³ȵiɵy³³lau³³，fu⁴⁴kou⁴⁴tʃʰao⁴⁴ȵiu²⁴ȵiau³³]

　　五月份，杨梅上市；六月六，苦瓜上市，很多人拿来炒牛肉。

七月七，芋头焖猪脚；[tsʰe¹¹ȵiɵy³³tsʰe¹¹，vu²⁴tau²⁴mɐn¹¹ty³³ce¹¹] 猪脚：猪蹄

八月八，子姜炒子鸭。[po¹¹ȵiɵy³³po¹¹，tsɿ⁴⁴ciɐŋ³³tʃʰao⁴⁴tsɿ⁴⁴o¹¹]

　　七月七，芋头上市，可以焖猪脚；八月八，嫩姜上市，可以炒嫩鸭子。

九月九，重阳酒；[ciu⁴⁴ȵiɵy³³ciu⁴⁴，tʃʰəŋ²⁴iɐŋ²⁴tsɯ⁴⁴]

十月十，豆腐焖萝卜。[ʃe³³ȵiɵy³³ʃe³³，tau¹¹pu¹¹mɐn¹¹lou²⁴pi³³]

　　九月九，农家备好了重阳米酒；十月十，正是豆腐焖萝卜的好时节。

十一月，落小雪；[ʃe³³ie¹¹ȵiɵy³³，lao³³siu⁴⁴sɵy¹¹] 落：下（雨、雪）

十二月，落大雪。[ʃe³³ȵi¹¹ȵiɵy³³，lao³³to¹¹sɵy¹¹]

　　十一月，开始下小雪；十二月，常见大雪天气。

懒人屎尿多。[loŋ³³ȵin²⁴ʃi⁴⁴ȵiu¹¹tou³³]

　　懒惰的人总是以各种借口来推托事务。

屙屎唔出赖倒地头硬。[ou³³ʃi⁴⁴ŋ⁴⁴tʃʰi¹¹lo¹¹tao⁴⁴ti¹¹tau²⁴ȵiɐŋ¹¹] 唔：不

　　找借口推诿。

船头恐鬼，船尾恐贼。[ʃən²⁴tau⁴⁴fəŋ⁴⁴kuɛi⁴⁴，ʃən²⁴mi³³fəŋ⁴⁴tsʰe³³]

　　前怕狼后怕虎，瞻前顾后。

天上鱼鳞斑，晒谷唔使慌。[tʰɐn³³ʃiɐŋ¹¹ny²⁴lɐn⁴⁴poŋ³³，ʃo⁵³cau¹¹ŋ²⁴ʃa⁴⁴fəŋ³³] 唔使：不用

　　天上出现鱼鳞状云，可以放心晒谷子，一时半刻不会下雨。

清早暗沉沉，晏前晒死人。[tsʰan³³tsao⁴⁴uŋ⁵³tʃʰin²⁴tʃʰin²⁴，ŋɛ⁵³tsʰɐn²⁴ʃo⁵³sɿ⁴⁴nin²⁴] 晏前：上午

　　一大早阴沉沉的，到了上午太阳其实毒得很。

年三十个墩头，人人争用。[nɛn²⁴sɔŋ³³ʃi³³kɐ⁰tɛn³³tau²⁴，nin²⁴nin²⁴tʃɐŋ³³niɐŋ¹¹] 墩头：砧板

　　除夕那天的砧板，大家都抢着要用。比喻某物或某人被人争抢。

斧头打凿，凿打木。[pu⁴⁴tau⁴⁴tou⁴⁴tsʰao³³，tsʰao³³tou¹¹mau³³]

　　斧头打击凿柄，凿则打开木块。比喻一物降一物。

十具后头婆，九具毒。[ʃe³³kʰɵy¹¹hau¹¹tau²⁴pou²⁴，ciu⁴⁴kʰɵy¹¹tau³³] 具：量词，个；后头婆：后妈

　　十个后妈九个毒。

细时偷针，大了就偷金。[sa⁵³ʃi²⁴tʰau³³tʃin³³，to¹¹lao³³tsʰiu¹¹tʰau³³cin³³]

　　还小时学会偷偷摸摸，长大后就更加胆大妄为。

食猪血，屙黑屎。[ʃi³³ty³³fei¹¹，ou³³çe¹¹ʃi⁴⁴]

　　比喻现世报，干了坏事马上得到报应。

好心冇好报，好柴烧烂灶。[hao⁴⁴sin³³mao³³hao⁴⁴pao⁵³，hao⁴⁴ʃo²⁴ʃiu¹¹lɔŋ¹¹tsao⁵³] 冇：无，没有

　　好心没好报，犹如好柴却在破烂的灶子里焚烧。

人情留一线，日后好相见。[nin²⁴tsʰan²⁴liu²⁴a³³sɛn⁵³，ni³³hau¹¹hao⁴⁴siɐŋ³³cɛn⁵³]

　　彼此留点情面，以后方便相处。

在家千日好，出门半时难。[tsʰou³³kou³³tsʰɛn³³ni³³hao⁴⁴，tʃʰi¹¹mɛn²⁴pɐŋ⁵³ʃi²³nɐn²⁴]

　　在家自由自在，外出则会遇到很多困难。

牛耕田，马食谷，[niʌu²kaŋ³³tɛn²⁴，mou³³ʃi³³cau¹¹]

老者种树仔享福。[lao³³tʃɛi⁴⁴tʃɐŋ⁵³ʃy¹¹tsɑ⁴⁴çiɐŋ⁴⁴fau¹¹]

　　比喻某人辛苦劳作，努力做事，但别人享福。

穷人莫思宝，思宝得人恼。[kʰəŋ²⁴n̠in²⁴mei⁵³sʐ³³pao⁴⁴, sʐ³³pao⁴⁴taˡˡn̠in²⁴nao³³]

人穷困时不要有非分之想，不然更加让人恼火。

挑挑拣拣，[tʰɪu³³tʰɪu³³kɔŋ⁴⁴kɔŋ⁴⁴]

最后挑倒个烂灯盏。[tsy⁵³hauˡˡtʰɪu³³tao⁴⁴kaˡlɔŋˡˡtaŋ³³tʃɛŋ⁴⁴]

喜欢挑来拣去，结果也没挑到什么好东西。多形容女子年轻时择偶挑剔，最终嫁给不太合适的男子。

补鞋佬，一扯到口。[pu⁴⁴ho²⁴lao⁴⁴, a³³tʃʰɛi⁴⁴tao⁵³cʰau⁴⁴]

本义是形容补鞋的工作场面。后用于形容赚来就吃掉，不做长远考虑。

十具光头九具富。[ʃe³³kʰɵyˡˡkɔŋ³³tau²⁴cɪu⁴⁴kʰɵyˡˡfu⁵³]

人们认为秃顶的人往往激素旺盛，做事有热情与干劲，最终身家富有。

唔系唔报，时候唔曾到；[ŋ³³haˡˡŋ³³pao⁵³, ʃi²⁴hauˡˡŋ³³n̠iɐŋ²⁴tao⁵³] 唔系：不是

时候一到，一切都报。[ʃi²⁴hauˡˡieˡˡtao⁵³, ieˡˡtsʰɛiˡˡtu³³pao⁵³]

不是不报，时候未到；时候一到，一切都报。

东陂麻子西岸石，[təŋ³³pi³³mou²⁴tsʐ⁴⁴sa³³n̠iɔŋˡˡʃi³³] 麻子：荸荠

三江草鞋连州屐。[sɔŋ³³kɔŋ³³tsʰao⁴⁴ho⁴lɐn²⁴tʃɪuˡˡkʰae³³]

连州特产的顺口溜。指的是东陂镇以荸荠出名，西岸镇以石头出名，三江镇（今天的连南县城，早先是连州的辖镇）以草鞋出名，连州镇则以上好的木屐出名。

爱勤学三年，爱懒懒眼前。[u⁵³cʰin²⁴hao³³sɔŋ³³nɐn²⁴, u⁵³lɔŋ³³ŋɐŋ³³lɔŋ³³n̠iɐŋ³³tsʰɐn²⁴]

要学会勤快，得学习三年；要变得懒惰，马上就可以做到。

男人食饭如虎，女人食饭如数。[nɔŋ²⁴n̠in²⁴ʃi³³pɔŋˡˡy²⁴fu⁴⁴, n̠y³³n̠in²⁴ʃi³³pɔŋˡˡy²⁴ʃu⁴⁴]

形容男子饭量大，女子饭量小。

天嘚崖鹰瘦，地嘚光棍穷。[tʰɐn²⁴taˡˡn̠iou²⁴an³³ʃau⁵³, tiˡˡtaˡˡkɔŋ³³kuɐn⁵³kʰɐŋ²⁴] 崖鹰：老鹰

天上飞的老鹰也瘦，地上光棍成了穷光蛋。

拾倒唔当偷，爱用金子银子来赎。[ʃɐi³³tao⁴⁴ŋ³³tɔŋ⁵³tʰau³³，u⁵³ȵiən¹¹cin⁴⁴tsɿ⁴⁴ȵiɐn²⁴tsɿ⁴⁴lu²⁴ʃau³³] 唔：不

    路上捡到别人掉了的东西，失主要用金子银子来赎。

颈干记到清明酒，[kan³³kuŋ⁴⁴ci⁵³tao⁵³tsʰan²⁴man²⁴tsɿu⁴⁴] 颈干：口渴

肚饥记到社时饭。[tu⁴⁴ci³³ci⁵³tao⁵³ʃɐi³³ʃi²⁴pɔŋ¹¹] 肚饥：肚子饿；社时：春社

    口渴时记起清明酒的醇香，肚子饥饿时记起社时饭的美味。清明酒，当地认为有药效，可促进健康；社时饭，指的是吃社饭得到社神保佑。

上家教仔就下家听。[ʃiɐŋ³³kou³kou⁵³tsa⁴⁴tsʰɪu¹¹hou⁴⁴kou⁴⁴tʰan²⁴]

    聪明的人，在别人被教训时仍然非常有心学习。

新坟唔过社。[sin³³fɐn²⁴ŋ²⁴ku⁵³ʃɐi³³] 唔：不

    新坟要在春社日之前就祭祀好。

一问问到底，[a³³mɐn¹¹mɐn¹¹tao⁵³ta⁴⁴]

问到你妈养倒好多个仔。[mɐn¹¹tao⁵³hɐi¹¹ma³³iɐŋ³³tao⁴⁴hao⁴⁴tou³³ka⁰tsa⁴⁴]

    打破砂锅问到底。

峒婆仔，三只脚，天光行到黑。[tɐŋ¹¹pou²⁴tsa⁴⁴，sɔŋ³³tʃae¹¹ce¹¹，tʰɐn³³kɔŋ³³haŋ²⁴tao⁵³çe¹¹]

    原先潭岭一带的妇女，星子人称之为"峒婆仔"，她们个子矮小，撑着拐杖去赶集。潭岭到星子墟路途遥远，交通不便，从早上出发，晚上要很迟才能回到家里。

百艺百穷。[pa¹¹ȵi¹¹pa¹¹kʰən²⁴]

    手艺虽多，但仍然贫穷。有时当作谦辞。

手踭拗入无拗出。[ʃɪu⁴⁴tʃaŋ³³ao⁴⁴ȵi³³mao³³ao⁴⁴tʃʰi¹¹] 手踭：胳膊；拗：弯，折

    胳膊往内弯，比喻自己人要护着自己人。

戒酒不如戒米。[ko⁵³tsɪu⁴⁴pa¹¹i²⁴ko⁵³ma³³]

    酒鬼反驳戒酒的俏皮话。

男人口大食四方，[nɔŋ²⁴n̠in²⁴cʰau⁴⁴to¹¹ʃi³³sɿ⁵³fɔŋ³³]

女人口大食田庄。[n̠y³³n̠in²⁴cʰau⁴⁴to¹¹ʃi³³tɛn²⁴tʃɔŋ³³]

　　相术认为男人口大为好，可以吃得开；而女人口大不好，是败家之相。

几大就几大。[ci⁵³to¹¹tsʰɪu¹¹ci⁴⁴to¹¹] 几大：要多大

　　不论情况如何，拼了！

马死赖地行。[mou³³sɿ⁴⁴lo¹¹ti¹¹haŋ²⁴]

　　形容到了穷途末路的境况。

人胀坏，狗胀赖，猪胀大。[n̠in²⁴tiɛŋ⁵³vo¹¹，cau⁴⁴tiɛŋ⁵³lo¹¹，ty³³tiɛŋ⁵³to¹¹]

　　人吃撑了损害身体，狗吃撑了就赖皮，猪吃多了会长肉。

灶爱空心，人爱实心。[tsɑo⁵³u⁵³kʰəŋ³³sin³³，n̠in²⁴u⁵³ʃi³³sin³³]

　　炉膛烧火要有虚空，这样火才能烧旺；人要实在才好。

青石板，板石青，[tsʰan³³ʃi³³pɔŋ⁴⁴，pɔŋ⁴⁴ʃi³³tsʰan³³]

青石板上钉铜钉。[tsʰan³³ʃi³³pɔŋ⁴⁴ʃiɛŋ¹¹tan³³təŋ²⁴tan³³]

——星空。[san³³kʰəŋ³³]

　　有一物像青石板上钉了铜钉。谜底：星空。

细时食得做唔得，[sa⁵³ʃi²⁴ʃi³³ta¹¹tsu⁵³ŋ³³ta¹¹] 细时：幼年时；唔：不

大了就做得食唔得。[to¹¹la⁰tsʰɪu¹¹tsu⁵³ta¹¹ʃi³³ŋ²⁴ta¹¹]

——笋同竹。[tʃau¹¹təŋ²⁴sɛn⁴⁴]

　　还小时，能吃不能用；长大了，能用不能吃。谜底：笋、竹。

一点一横长，一撇撇到西阳；[a³³ten⁴⁴a³³vaŋ²⁴tʃʰieŋ²⁴，a³³pʰɛi¹¹pʰɛi¹¹tɑo⁵³sɑ³³ieŋ²⁴]

十字对十字，月光对太阳。[ʃe³³tsʰ̩¹¹ty⁵³ʃɛi¹¹tsʰ̩¹¹，ȵiey³³kɔŋ³³ty⁵³tʰo⁵³ieŋ²⁴] 月光：月亮

——"庙"字。[mɪu¹¹tsʰ̩¹¹]

　　一点一横，一撇撇到西阳，十字对着十字，月亮对着太阳。谜底："庙"字。

一件筲箕仔，[a³³cʰɐn¹¹ʃɑo³³ci³³tsɑ⁴⁴] 筲箕：撮箕

装倒三粒芋头仔，[tʃɔŋ³³tɑo⁴⁴sɔŋ³³lɛi³³vu¹¹tau²⁴tsɑ⁴⁴]

跌了两粒下地底。[tɛi¹¹le⁰lieŋ³³lɛi³³hou³³ti¹¹tɑ⁴⁴]

——"心"字。[sin³³tsʰ̩¹¹]

　　一个撮箕，装了三个芋头，掉了两个到地上。谜底："心"字。

黄屋城 [vɔŋ²⁴au¹¹ʃan²⁴]

黄屋城，就冇花名，生唔成。[vɔŋ²⁴au¹¹ʃan²⁴，tsʰɿu¹¹mao³³fou³³man²⁴，ʃaŋ³³ŋ³³ʃan²⁴] 冇：没有；花名：绰号；

　唔：不

东峇塘，就呱呱。[tɵŋ³³kao¹¹tɵŋ²⁴，tsʰɿu¹¹kua⁵³kua⁵³] 呱呱：树上乌鸦叫

寮前坪，拆烂渣。[lɨu²⁴tsʰɐn⁴⁴pan⁴⁴，tʃʰa¹¹ŋɛn¹¹tʃa⁵³] 拆烂渣：穷人拆改烂衣

大水边，水浸髻。[to¹¹ʃy⁴⁴pen³³，ʃy⁴⁴tsɐn⁵³ka⁵³] 水浸髻：河边水浸

黄屋城，男女有人喊皇帝。[vɔŋ²⁴au¹¹ʃan²⁴，nɔŋ²⁴n̩y³³iɨu³³n̩in²⁴ŋɐn⁵³vɔŋ²⁴ta⁵³]

　　星子镇的几个村子，各有特点。东峇塘，乌鸦多；寮前坪，以前穷人拆改破烂衣物；大水边村地势低，常有水患。这 5 句说的都是黄屋城，这个村民每人都有个绰号，其中喜以"皇帝"为花名的特多，屠狗的叫"狗皇帝"，一黄姓女叫"女皇帝"，矮子叫"细皇帝"，面黄肌瘦的老人叫"老皇帝"。

有女莫嫁上庄村，[iɨu³³n̩y³³mao³³kou⁵³ʃiɛŋ¹¹tʃɔŋ³³tsʰɐn³³] 上庄：这个村子以挑夫出名，挑石灰

石灰箩仔担到癫。[ʃi³³fi³³lou²⁴tsa⁴⁴tɔŋ³³tao⁵³ten³³] 箩仔：小箩筐；担：挑

有女莫嫁邓屋城，[iɨu³³n̩y³³mao³³kou⁵³tien¹¹au¹¹ʃan²⁴]

茅柴担竿出了名。[mao²⁴ʃɔ²⁴tɵŋ⁵³kuŋ³³tʃʰi¹¹le⁰man²⁴] 担竿：扁担

马渡坪就大地方，[mou³³tu¹¹pan²⁴tsʰɿu¹¹to¹¹ti¹¹fɔŋ³³] 马渡坪村 1500 人，村子大

朗塘上来高龙山。[lɵŋ⁴⁴tɵŋ²⁴ʃiɐŋ³³lu²⁴kao³³lɵŋ²⁴ʃan³³]

洋洞坪，打草鞋，[iɛŋ²⁴tɵŋ¹¹pan⁴⁴，tou⁴⁴tsʰao⁴⁴ho⁴⁴]

湾村战梗多过柴。[vɵŋ³³tsʰɐn³³tʃɐn⁵³kaŋ⁴⁴tou³³ku⁵³ʃɔ²⁴] 战梗：甘蔗

星子上来四方城，[san³³tsɿ⁴⁴ʃiɐŋ³³lu²⁴sɿ⁵³fɔŋ³³ʃan²⁴]

麻子慈姑出了名。[mou²⁴tsɿ⁴⁴tsʰɿ²⁴ku³³tʃʰi¹¹la⁰man²⁴] 麻子：荸荠

四方上赴三家店，[sๅ⁵³foŋ³³ʃiɐŋ³³fu⁵³soŋ³³kou³³tɐn⁵³]

红枣柑仔一大片。[həŋ²⁴tsao⁴⁴koŋ³³tsɑ⁴⁴ɑ³³to¹¹pʰɐn⁵³]

星子蒜田洞，[san³³tsๅ⁴⁴suŋ⁵³tɐn²⁴təŋ¹¹]

大片个芹菜、萝卜、蒜同葱。[to¹¹pʰɐn⁵³ke⁰cʰin⁵³tsʰu⁵³lou²⁴pi³³suŋ⁵³təŋ²⁴tsʰɔŋ³³] 个：的；同：和

黄村大萝卜，[vɔŋ²⁴tsʰɐn³³to¹¹lou²⁴pi³³]

打起锣鼓亲咚锵。[to⁴⁴ɕi⁴⁴lou²⁴ku⁴⁴tsʰin³³təŋ³³tsʰiɐŋ³³]

街边佬，口气好，[ko³³pɐn³³lao⁴⁴，cʰau⁴⁴cʰi⁵³hao⁴⁴]

唔曾食晏就留宿倒。[ŋ³³ȵiɐŋ²⁴ʃi³³ɔŋ⁵³tsʰiu¹¹liu²⁴sau¹¹tao⁴⁴] 唔曾：没有；食晏：吃午饭；旧时星子街人只吃早晚两顿饭，

    不吃午餐

上马石，冇水食。[ʃiɐŋ³³mou³³ʃi³³，mao³³ʃy⁴⁴ʃi³³]

食饭靠统销，[ʃi³³pɔŋ¹¹kʰao⁵³tʰəŋ⁴⁴sɯ³³] 统销：国家统一对某些物资进行有计划的销售

食菜靠辣椒。[ʃi³³tsʰu⁵³kʰao⁵³lo³³tsɯ³³]

　　这是一首介绍星子镇附近各个村子特点的歌谣。上庄村人"挑石灰"，邓屋城"挑柴火"，马渡坪的村落大，洋洞坪产草鞋，湾村出产甘蔗，四方城出产荸荠与慈姑，三家店出产红枣与柑橘，蒜田洞出产芹菜、萝卜、蒜与葱，黄村产萝卜，镇区一天只吃两餐，上马石缺水。

羊仔尾尾 [iɐŋ²⁴tsɑ⁴⁴mi³³mi³³]

羊仔尾尾，[iɐŋ²⁴tsɑ⁴⁴mi³³mi³³]

洞洞趺趺，[təŋ¹¹təŋ¹¹cʰi³³cʰi³³] 洞洞趺趺：走路摇摆的样子

三岁佬仔讨孙婢。[sɔŋ³³sy⁵³lao³³tsɑ⁴⁴tʰao⁴⁴sɐn³³pi³³] 三岁佬仔：三岁小儿；孙婢：孙媳

孙婢哭，爱洋豆；[sɐn³³pi³³hau¹¹，u⁵³iɐŋ²⁴tau¹¹] 洋豆：豌豆

豆仔香，买子姜；[tau¹¹tsɑ⁴⁴ɕiɐŋ³³，mo³³tsๅ⁴⁴ɕiɐŋ³³] 子姜：嫩姜

子姜辣，买黄腊；[tsๅ⁴⁴ɕiɐŋ³³lo³³，mo³³vɔŋ²⁴lo³³] 黄腊：蜂蜡

黄腊苦，买猪牯；[vɔŋ²⁴lo³³fu⁴⁴，mo³³ty³³ku⁴⁴] 猪牯：公猪

猪牯肥，换牛皮；[ty³³ku⁴⁴fi²⁴，uŋ¹¹ȵiu²⁴pi²⁴]

牛皮坚，做马鞭。[ȵɪu²⁴pi²⁴cɐn³³，tsu⁵³mou³³pɐn³³]

马鞭利呀喇，[mou³³pɐn³³li¹¹ia⁰la⁵³]

喊起狗婆狗仔到来食牛屁！[hɔŋ⁵³çi⁴⁴cau⁴⁴pou²⁴cau⁴⁴tsa⁴⁴tao⁵³lu²⁴ʃi³³ȵɪu²⁴pʰi⁵³]

这是一首顶真童谣。从羊儿蹒跚学步到狗吃牛屁，由庄重到诙谐。

洋毛圈圈（之一）[iɐŋ²⁴mao³³kʰɵn³³kʰɵn³³]

洋毛圈圈，[iɐŋ²⁴mao³³kʰɵn³³kʰɵn³³] 洋毛圈圈：萤火虫

夜夜来来，[iɛi¹¹iɛi³³lu²⁴lu²⁴]

来做蚊˝个？来读书；[lu²⁴tsu⁵³mɐn³³ka⁰，lu²⁴tau³³ʃy³³] 蚊˝个：什么

读蚊˝个书？读黄书；[tau³³mɐn³³ka⁰ʃy³³，tau³³vɔŋ²⁴ʃy⁴⁴]

蚊˝个黄？鸡春黄；[mɐn³³ka⁰vɔŋ²⁴，ka³³tʃʰin³³vɔŋ²⁴]

蚊˝个鸡？水鸡；[mɐn³³ka⁰ka³³，ʃy⁴⁴ka³³]

蚊˝个水？老鼠；[mɐn³³ka⁰ʃy⁴⁴，lao³³ʃy⁴⁴]

蚊˝个老？粪箕老；[mɐn³³ka⁰lao³³，pɐn⁵³ci²²lao³³]

蚊˝个变？铁柄；[mɐn³³ka⁰pɐn⁵³，tʰɛi¹¹pan⁵³]

蚊˝个铁？鉎铁；[mɐn³³ka⁰tʰɛi¹¹，ʃaŋ³³tʰɛi¹¹] 鉎铁：生铁

蚊˝个鉎？嫁蓝鉎；[mɐn³³ka⁰ʃaŋ³³，kou⁵³lɔŋ²⁴ʃaŋ³³]

蚊˝个嫁？松树架；[mɐn³³ka⁰kou⁵³，tsʰɐŋ²⁴ʃy¹¹kou⁵³]

蚊˝个松？猪仔虫；[mɐn³³ka⁰tsʰɐŋ²⁴，ty³³tsa⁴⁴tʃʰɐŋ²⁴]

蚊˝个猪？肉猪；[mɐn³³ka⁰ty³³，ȵiau³³ty³³]

蚊˝个肉？猴猿肉；[mɐn³³ka⁰ȵiau³³，hau²⁴iɵn⁴⁴ȵiau³³] 猴猿：猴子

蚊˝个猴？猴猿头；[mɐn³³ka⁰hau²⁴，hau²⁴iɵn⁴⁴tau²⁴]

我做你阿叔。[haŋ¹¹tsu⁵³hɛi¹¹a³³ʃau¹¹]

这是一首顶真童谣。从萤火虫夜里亮灯开头，以问做什么开始，一问一答，联句押韵，最后以"我做你的叔叔"结束，富有节奏感。

洋火圈圈（之二）[iɐŋ²⁴ fou⁴⁴kʰɵn³³kʰɵn³³]

洋火圈圈，夜夜来来，[iɐŋ²⁴fou⁴⁴kʰɵn³³kʰɵn³³, iɛi¹¹iɛi¹¹lu²⁴lu²⁴] 洋火圈圈：萤火虫

来做蚊˭个？来拾田螺，[lu²⁴tsu⁵³mɐn³³ka⁰, lu²⁴ʃɛi³³tɛn²⁴lou⁴⁴]

上前拾一担，下前拾一箩，[ʃiɐŋ¹¹tsʰɐn²⁴ʃɛi³³iʃɛi³³a³³tɔŋ³³, hou³³tsʰɐn²⁴ʃɛi³³a³³lou²⁴]

踩死姥公姥婆两蔸禾。[tsʰou⁴⁴sꭓ⁴⁴tou³³kɐn³³tou³³pou²⁴liɐŋ³³tau³³vou²⁴] 姥公：外公；姥婆：外婆

姥公姥婆咒我死野仔。[tou³³kɐn³³tou³³pou²⁴tʃui⁵³haŋ¹¹sꭓ⁴⁴iɛi³³tsɐ⁴⁴] 咒：骂

我咒姥公姥婆青头拐˭。[haŋ¹¹tʃiu⁵³tou³³kɐn³³tou³³pou²⁴tsʰan³³tau²⁴kuɐ⁴⁴] 青头拐˭：青蛙

拐˭仔浸个浸，上街买葵扇；[kuɐ⁴⁴tsɐ⁴⁴tsɐn⁵³ka⁰tsɐn⁵³, ʃiɐŋ³³ko³³mo³³kʰuɛi²⁴ʃɐn⁵³] 拐˭仔：青蛙

葵扇补一补，上街买豆腐；[kʰuɛi²⁴ʃɐn⁵³pu⁴⁴a³³pu⁴⁴, ʃiɐŋ³³ko³³mo³³tau¹¹pu¹¹]

豆腐冇油煮，上街买老鼠；[tau¹¹pu¹¹mao³³iu²⁴tʃy⁴⁴, ʃiɐŋ³³ko³³mo³³lao³³ʃy⁴⁴] 冇：没有

老鼠嘴又尖，到赴种生烟。[lao³³ʃy⁴⁴tsy⁴⁴iu¹¹tsɐn³³, tao⁵³fu⁵³tʃɵŋ⁵³ʃaŋ³³ɐn³³] 生烟：烟草

　　这首童谣也是说萤火虫一系列的活动。内容连贯，情节生奇，儿童学着有趣。

落大雨 [lao³³to¹¹u³³]

落大雨，吹大风，[lao³³to¹¹u³³, tʃʰy³³to¹¹fɐŋ³³] 落大雨：下大雨

天上有具搦人公。[tʰɐn³³ʃiɐŋ³³iu³³kʰɵy¹¹na³³ɲin²⁴kɐŋ³³] 具：量词，个；搦人公：抓人的妖怪

搦系谁？搦赖皮；[na³³ha¹¹ʃi²⁴, na³³lo¹¹pi²⁴] 系谁：谁

赖皮走得快，搦阿太；[lo²⁴pi²⁴tsau⁴⁴ta¹¹fo⁵³, na³³a³³tʰo⁵³] 阿太：曾祖母

阿太□个□，[a³³tʰo⁵³pʰiɐŋ³³ka⁰pʰiɐŋ³³] □：偏，不正

搦到细姨丈！[na³³tao⁵³sɐ⁵³i²⁴tʃʰiɐŋ³³] 细姨丈：小姨夫

　　这首童谣说的是天上的一个妖怪在追赶赖皮、曾祖母及小姨夫的故事。荒诞
不经，但是朗朗上口。

刮巴掌 [kua¹¹pou⁴⁴tʃieŋ⁴⁴]

刮巴掌，刮过坳，等婆到；[kua¹¹pou⁴⁴tʃieŋ⁴⁴, kua¹¹ku⁵³ao⁵³, tieŋ⁴⁴pou²⁴tao⁵³] 坳：山坳

阿婆冇落屋，踏紧门脚后；[a³³pou²⁴mao³³lao³³au¹¹, cʰau²⁴cin⁴⁴men²⁴ce¹¹hau¹¹] 冇：没；落屋：在家；踏紧：蹲着

哭两声，喊两声，[hau¹¹lieŋ³³ʃan³³, hɔŋ⁵³lieŋ³³ʃan³³]

喊起阿公阿婆，到来俵文钱；[hɔŋ⁵³çi⁴⁴a³³kəŋ³³a³³pou²⁴, tao⁵³lu²⁴pɪu⁵³men²⁴tsʰen²⁴] 俵：给；文：铜钱的量词

买果仔，买荔枝，[mo³³kou⁴⁴tsa⁴⁴, mo³³la¹¹tʃi³³]

食了肉，丢了壳；[ʃi³³le³³ȵiau³³, tɪu³³laᵒhao¹¹]

打鼓吹龙角，[tou⁴⁴ku⁴⁴tʃʰy³³ləŋ²⁴kao¹¹]

龙角响，就刮巴掌，[ləŋ²⁴kao¹¹çiɐŋ⁴⁴, tsʰɪu¹¹kua¹¹pou³³tʃieŋ⁴⁴]

一掌大，就一掌细，[a³³tʃieŋ⁴⁴to¹¹, tsʰɪu¹¹a³³tʃieŋ⁴⁴sa⁵³]

一拍拍到阿婆个毛屎髻；[a³³pʰa¹¹pʰa¹¹tao⁵³a³³pou²⁴kaᵒmao²⁴ʃi⁴⁴ka⁵³] 毛屎髻：发髻

毛屎髻仔指上天，[mao²⁴ʃi⁴⁴ka⁵³tsa⁴⁴tʃi⁴⁴ʃieŋ³³tʰen³³]

番薯芋头万累千。[fɔŋ³³ʃy²⁴vu¹¹tau²⁴vɔŋ¹¹ləY³³tsʰen³³] 万累千：成千上万

这是一首星子话说唱歌谣。讲的是一个小孩子拍着手掌，独自走过山坳去找外婆，然而外婆不在家，小孩就蹲在门口哭喊。外公外婆听到哭喊声回了家，给了小孩一文钱，小孩买了果子与荔枝，一边吃果肉一边丢了果壳。这时听见外面敲锣打鼓吹龙角的声音，小孩就坐在外婆肩上胡乱拍掌，一不小心拍到外婆的发髻。外婆的发髻直直地指上天，寓意红薯、芋头成千上万。

落大雪 [lao³³to¹¹səY¹¹]

十二月，落大雪，[ʃe³³ȵi³³ȵieY³³, lao³³to¹¹səY¹¹]

亏了鸟仔落岭歇；[kʰuɛi³³laᵒnɪu⁴⁴tsa⁴⁴lao³³lan³³həY¹¹] 歇：休息

鸟仔又有毛，[nɪu⁴⁴tsa⁴⁴iɪu¹¹iɪu³³mao²⁴]

亏了鲢拐˭水唱槽；[kʰuɛi³³laᵒlen²⁴kua⁴⁴ʃy⁴⁴ta¹¹tsʰao²⁴] 鲢拐˭：胡子鲇；水唱槽：躲在水里

鲢拐˭又有须，[len²⁴kua⁴⁴iɪu¹¹iɪu³³sy³³]

亏了泥鳅泥嘟堆；[kʰuɛi³³la⁰na²⁴tsʰiu³³na²⁴tae¹¹ty³³] 泥嘟堆：在泥里

泥鳅又有椰＝，[na²⁴tsʰiu³³iiu¹¹iiu³³ia²⁴] 椰＝：黏液

亏了生鸡半夜啼；[kʰuɛi³³la⁰ʃaŋ³³ka³³puŋ⁵³iɛi¹¹ta²⁴] 生鸡：公鸡

生鸡又有冠，[ʃaŋ³³ka³³iiu¹¹iiu³³kuŋ³³]

亏了老鼠半夜钻；[kʰuɛi³³la⁰lao³³ʃy³³puŋ⁵³iɛi¹¹tsuŋ³³]

老鼠又有口，[lao³³ʃy⁴⁴iiu¹¹iiu³³cʰau⁴⁴]

亏了雷公天下走；[kʰuɛi³³la⁰ly²⁴kəŋ³³tʰɐn³³hou¹¹tsau⁴⁴]

雷公又有凿，[ly²⁴kəŋ³³iiu¹¹iiu³tsʰao³³]

亏了盲公半夜蟆；[kʰuɛi³³la⁰maŋ²⁴kəŋ³³puŋ⁵³iɛi¹¹hao³³] 盲公：盲人；蟆：摸索

盲公又有棍，拐脚又有杖。[maŋ²⁴kəŋ³³iiu¹¹iiu³³kuɐn⁵³，kʰua⁴⁴ce¹¹iiu¹¹iiu³³kuɐn⁵³] 拐脚：瘸子

     这首童谣内容连贯，两句一韵。先后提到的动物有鸟雀、鲇鱼、泥鳅、公鸡、老鼠，最后说到雷公、盲人与瘸子，也是由庄到谐。

<h2 style="text-align:center">风流人 [fəŋ³³liu²⁴n̠in²⁴]</h2>

唱歌就唔系风流个人，[tʃʰiɐŋ⁵³kou³³tsʰiu¹¹ŋ³³ha¹¹fəŋ³³liu²⁴a⁰n̠in²⁴] 唔系：不是

我唔系就怄气就操心就人。[ha¹¹ŋ³³ha¹¹tsʰiu¹¹au⁵³çi⁵³tsʰiu¹¹tsʰao³³sin³³tsʰiu¹¹n̠in²⁴]

啊，鸟仔就飞起脚又啊勾，[a⁰，niu⁴⁴tsa⁴⁴tsʰiu¹¹fi³³çi⁴⁴ce¹¹iiu¹¹a⁰cau³³]

阿哥就姓邓就妹啊姓啦欧。[a³³kou³³tsʰiu¹¹san⁵³tiɐn¹¹tsʰiu¹¹mu¹¹a⁰san⁵³la⁰au³³]

他系谁就讨倒姓欧妹，[ha⁴⁴ha¹¹ʃi²⁴tsʰiu¹¹tʰao⁴⁴tao⁴⁴san⁵³au³³mu¹¹]

他好比风肠就炒啊辣椒肉。[ha⁴⁴hao⁴⁴pi⁴⁴fəŋ³³tʃʰiɐŋ²⁴tsʰiu¹¹tʃʰao⁴⁴a⁰lo³³tsiu³³n̠iau³³]

送妹就送到凉亭呀边，[səŋ⁵³mu¹¹tsʰiu¹¹səŋ⁵³tao⁵³liɐŋ²⁴tan²⁴ia⁰pɐn³³]

我拆脱凉亭种好了烟。[haŋ¹¹tʃʰa¹¹tʰu¹¹liɐŋ²⁴tan²⁴tʃəŋ⁵³hao⁴⁴la⁰ɐn³³] 拆脱：拆掉

我晓得就早前种烟好，[haŋ¹¹çiu⁴⁴ta¹¹tsʰiu¹¹tsao⁴⁴tsʰɐn²⁴tʃəŋ⁵³ɐn³³hao³³]

我晓得学妹嫁啊早就连。[haŋ¹¹çiu⁴⁴ta¹¹hao³³mu¹¹kou⁵³a⁰tsao⁴⁴tsʰiu¹¹lɐn²⁴]

鸟仔就飞起，脚又啊勾，[niu⁴⁴tsa⁴⁴tsʰiu¹¹fi³³çi³³，ce¹¹iiu¹¹a⁰cau³³]

阿哥姓邓就妹姓欧。[a³³kou³³san⁵³tiɛŋ¹¹tsʰɪu¹¹mu¹¹san⁵³au³³]

他系谁就讨倒姓欧妹，[ha⁴⁴ha¹¹ʃi²⁴tsʰɪu¹¹tʰao⁴⁴tao⁴⁴san⁵³au³³mu¹¹]

他好比风肠就炒啊辣椒肉。[ha⁴⁴hao⁴⁴pi⁴⁴fəŋ³³tʃʰiɛŋ²⁴tsʰɪu¹¹tʃʰao⁴⁴a⁰lo³³tsɪu³³n̠iau³³]

我唔使了急来就唔使啦慌，[haŋ¹¹ŋ³³ʃa⁴⁴la⁰ci¹¹lu²⁴tsʰɪu¹¹ŋ³³ʃa⁴⁴la⁰fəŋ³³]

系日头下岭就有啊月就光。[ha¹¹n̠i³³tau²⁴hou³³lan³³tsʰɪu¹¹iɪu³³a⁰n̠iəy³³tsʰɪu¹¹kɔŋ³³] 日头：太阳

我向高就头来望天呀顶，[haŋ¹¹hɔŋ⁵³kao³³tsʰɪu¹¹tau²⁴lu²⁴miɛŋ¹¹tʰɐn¹¹ia⁰tan⁴⁴]

我掌大眼睛就望啊月了光。[haŋ¹¹tʃʰaŋ⁵³to¹¹n̠iɐn³³tsan³³tsʰɪu¹¹miɛŋ¹¹a⁰n̠iəy³³la⁰kɔŋ³³] 掌：撑

我唔使了急来就唔使了慌，[haŋ¹¹ŋ³³ʃa⁴⁴la⁰ci¹¹lu²⁴tsʰɪu¹¹ŋ³³ʃa⁴⁴la⁰fəŋ³³]

我自然同妹就结呀成了就双。[haŋ¹¹tsʰɿ¹¹iɛn²⁴təŋ²⁴mu¹¹tsʰɪu¹¹cɛi¹¹ia⁰ʃan²⁴la⁰tsʰɪu¹¹ʃɔŋ³³]

茄仔就结起头落啊地，[cʰe²⁴tsa⁴⁴tsʰɪu¹¹cɛi¹¹çi⁴⁴tau²⁴lao³³a⁰ti¹¹]

豆角结成就双了对了双。[tau¹¹kao¹¹cɛi¹¹ʃan²⁴tsʰɪu¹¹ʃɔŋ³³la⁰ty⁵³la⁰ʃɔŋ³³]

日头就一出一把啊针，[n̠i³³tau²⁴tsʰɪu¹¹a³³tʃʰi¹¹a³³pou⁴⁴a⁰tʃin³³]

两位同志就弲˭啊有了心。[liɛŋ³³vi¹¹təŋ²⁴tʃi⁵³tsʰɪu¹¹cʰiɛŋ¹¹a⁰iɪu³³la⁰sin³³] 弲˭：这么

你哩就心情真个好，[hɛi¹¹li¹¹tsʰɪu¹¹sin³³tsʰan²⁴tʃin³³ka⁵³hao⁴⁴]

全靠你哩就来啊帮了忙。[tsʰɵn²⁴kʰao⁵³hɛi¹¹li¹¹tsʰɪu¹¹lu²⁴a⁰pɔŋ³³la⁰mɔŋ²⁴]

送妹就送到就渡船呀头，[səŋ⁵³mu¹¹tsʰɪu¹¹səŋ⁵³tao⁵³tu¹¹ʃɵn²⁴ia⁰tau²⁴]

我跂下渡船就两头就浮。[haŋ¹¹cʰi³³hou³³tu¹¹ʃɵn²⁴tsʰɪu¹¹liɛŋ³³tau²⁴tsʰɪu¹¹fau²⁴] 跂：站立

渡船就赴了有来啊往，[tu¹¹ʃɵn²⁴tsʰɪu¹¹fu⁵³la⁰iɪu³³lu²⁴a⁰vɔŋ³³]

阿妹赴了就冇啊转就头。[a³³mu¹¹fu⁵³la⁰tsʰɪu¹¹mao³³a⁰tɵn⁵³tsʰɪu¹¹tau²⁴] 赴：去

系六月呀六，六月呀六，[ha¹¹lau³³n̠iəy³³ia⁰lau³³，lau³³n̠iəy³³ia⁰lau³³]

六月禾苗就一呀一齐熟。[lau³³n̠iəy³³vou²⁴mɪu²⁴tsʰɪu¹¹a³³ia⁰a³³tsʰa²⁴ʃau³³]

弲˭好阿妹来割啊禾，[cʰiɛŋ¹¹hao⁴⁴a³³mu²⁴lu²⁴ku¹¹a⁰vou²⁴]

又冇酒来就又冇啦肉。[iɪu¹¹mao²⁴tsɪu⁴⁴lu²⁴tsʰɪu¹¹iɪu¹¹mao³³la⁰n̠iau³³]

斑鸠就上树咕呱咕，[pɔŋ³³cau³³tsʰɪu¹¹ʃiɛŋ³³ʃy¹¹ku³³ka⁴⁴ku¹¹]

弲˭好阿妹就做啊农啊夫。[cʰiɛŋ¹¹hao⁴⁴a³³mu¹¹tsʰɪu¹¹tsu⁵³a⁰nəŋ²⁴a⁰fu³³] 弲˭：本地人用的同音

　字，表示"这样"

弶＝好就阿妹冇嫁啊人，[cʰiɐŋ¹¹hao⁴⁴tsʰɪu¹¹a³³mu¹¹mao³³kou⁵³a³³n̩in²⁴]

门口大垌就种了慈啦就菇。[mɐn²⁴cʰau⁴⁴to¹¹tɐŋ¹¹tsʰɪu¹¹tʃəŋ⁵³la⁰tsʰ̩²⁴la⁰tsʰɪu¹¹ku³³] 大垌：大块的田

我就食烟唔恐啊穷，[haŋ¹¹tsʰɪu¹¹ʃi³³ɐn³³ŋ³³fən⁴⁴a⁰kʰəŋ²⁴]

我食啊一筒就又一啦筒。[haŋ¹¹ʃi³³a⁰a³³təŋ²⁴tsʰɪu¹¹iɪu¹¹a³³la⁰təŋ²⁴] 一筒：一根

我食完就烟皮食烟骨，[haŋ¹¹ʃi³³vɐn²⁴tsʰɪu¹¹ɐn³³pi²⁴ʃi³³ɐn³³kua¹¹] 烟皮：烟叶；烟骨：烟叶的梗脉

我食完烟骨就丢啊烟啊筒。[haŋ¹¹ʃi³³vɐn²⁴ɐn³³kua¹¹tsʰɪu¹¹tɪu³³a⁰ɐn³³a⁰təŋ²⁴]

送妹就送到渡船呀头，[səŋ⁵³mu¹¹tsʰɪu¹¹səŋ⁵³tao⁵³tu¹¹ʃɵn²⁴ia⁰tau²⁴]

我跕下渡船就两头就浮。[haŋ¹¹cʰi³³hou³³tu¹¹ʃɵn²⁴tsʰɪu¹¹liɐŋ³³tau²⁴tsʰɪu¹¹fau²⁴]

渡船就赴了冇来啊往，[tu¹¹ʃɵn²⁴tsʰɪu¹¹fu⁵³la⁰iɪu³³lu²⁴a⁰vɒŋ³³]

阿妹赴了就冇啊转就头。[a³³mu¹¹tsʰɪu¹¹fu⁵³la⁰tsʰɪu¹¹mao³³a⁰tɵn⁵³tsʰɪu¹¹tau²⁴]

我唱歌就唱起唱大啊声，[haŋ¹¹tʃʰiɐŋ⁵³kou³³tsʰɪu¹¹tʃʰiɐŋ⁵³çi⁴⁴tʃʰiɐŋ⁵³to¹¹a⁰ʃan³³]

我唱得细声就唔啊好了听。[haŋ¹¹tʃʰiɐŋ⁵³ta¹¹sa⁵³ʃan³³tsʰɪu¹¹ŋ³³a⁰hao⁴⁴la⁰tʰan³³]

系南风就吹起唔觉了过，[ha¹¹nɒŋ⁴⁴fəŋ³³tsʰɪu¹¹tʃʰy⁴⁴çi⁴⁴ŋ³³kao¹¹la⁰ku⁵³]

系北风吹起就唔呀觉就听。[ha¹¹pe¹¹fəŋ³³tʃʰy³³çi⁴⁴tsʰɪu¹¹ŋ³³ia⁰kao¹¹tsʰɪu¹¹tʰan³³] 系：是

日头就一出一把啊针，[n̩i³³tau²⁴tsʰɪu¹¹a³³tʃʰi¹¹a³³pou⁴⁴a⁰tʃin³³]

我喊起阿妹就麭呀变啊心。[haŋ¹¹hɒŋ⁴⁴çi⁴⁴a³³mu¹¹tsʰɪu¹¹mɐi³³ia⁰pɐn⁵³a⁰sin³³] 麭：不要

同妹就感情有弶＝啊好，[təŋ²⁴mu¹¹tsʰɪu¹¹kɒŋ⁴⁴tsʰan²⁴iɪu³³cʰiɐŋ¹¹a⁰hao⁴⁴]

我喊起阿妹就麭呀灰啦心。[haŋ¹¹hɒŋ⁴⁴çi⁴⁴a³³mu¹¹tsʰɪu¹¹mɐi³³ia⁰fi³³la⁰sin³³]

韭菜就打花球打啦球，[cɪu⁴⁴tsʰu⁵³tsʰɪu¹¹tou⁴⁴fou³³cʰɪu²⁴tou⁴⁴la⁰cʰɪu²⁴]

阿妹赴了就哥啊来了就留。[a³³mu¹¹fu⁵³la⁰tsʰɪu¹¹kou³³a⁰lu²⁴la⁰tsʰɪu¹¹lɪu²⁴]

嬲出就阿妹做乜事，[lɪu¹¹tʃʰi¹¹tsʰɪu¹¹a³³mu¹¹tsu⁵³mɐn³³ʃa¹¹] 嬲：休息，游玩

将洗衣身就头啦搽啦就油。[tsiɐŋ³³sa⁴⁴i³³ʃin³³tsʰɪu¹¹tau²⁴la⁰tʃʰou²⁴la⁰tsʰɪu¹¹iɪu²⁴]

啊，嫩娇啊莲，[a⁰, nɐn¹¹kɪu³³a⁰len²⁴]

啊，嫩娇啊莲，[a⁰, nɐn¹¹kɪu³³a⁰len²⁴]

系嫩娇过水就水呀有就边，[ha¹¹nɐn¹¹kɪu³³ku⁵³ʃy⁴⁴tsʰɪu¹¹ʃy⁴⁴ia⁰iɪu³³tsʰɪu¹¹pɐn³³]

我掼光丝线横过啊来，[haŋ¹¹kuaŋ¹¹kɒŋ³³s̩¹¹sɐn⁵³vaŋ²⁴ku⁵³a⁰lu²⁴] 掼：扔，摔；丝线：钓鱼线；

横：横渡

系嫩娇敢过就哥啊敢就连。[ha¹¹nɛn¹¹kɪu³³kuŋ⁴⁴ku⁵³tsʰɪu¹¹kou³³a⁰kuŋ⁴⁴tsʰɪu¹¹lɛn²⁴] 连：私会

大菟就树脚好嫽啊凉，[to¹¹tau³³tsʰɪu¹¹ʃy¹¹ce¹¹hao⁴⁴lao¹¹a⁰lieŋ²⁴] 大菟：大株

系阿哥弳⁼大就冇啦姑啦就娘。[ha¹¹a³³kou³³cʰieŋ¹¹to¹¹tsʰɪu¹¹mao³³la⁰ku³³la⁰tsʰɪu¹¹ɲieŋ²⁴]

系鸡仔出世冇奶饮，[ha¹¹ka³³tsa⁴⁴tʃʰi¹¹ʃɛi⁵³mao³³no³³in⁴⁴]

系鸭出世啊老就娘。[ha¹¹o¹¹tsa⁴⁴tʃʰi¹¹ʃɛi⁵³mao³³a⁰lao³³tsʰɪu¹¹ɲieŋ²⁴]

我担心呀心，[haŋ¹¹tɔŋ³³sin³³ia⁰sin³³]

我担心呀心！[haŋ¹¹tɔŋ³³sin³³ia⁰sin³³]

我手磨就剪刀就头啊插就针。[haŋ¹¹ʃɪu⁴⁴mou²⁴tsʰɪu¹¹tsɛn⁴⁴tao⁴⁴tsʰɪu¹¹tau²⁴a⁰tʃʰo¹¹tsʰɪu¹¹tʃin³³]

我衣裳就裤烂冇人呀补，[haŋ¹¹i³³ʃieŋ²⁴tsʰɪu¹¹fu⁵³lɔŋ¹¹mao³³ɲin²⁴ia⁰pu⁴⁴]

我含紧眼泪就定呀两就针。[haŋ¹¹huŋ²⁴cin⁴⁴ɲiɛn³³ly¹¹tsʰɪu¹¹tan¹¹ia⁰lieŋ³³tsʰɪu¹¹tʃin³³] 含紧：含着

　　星子山歌是连州土话区地域民歌文化的优秀代表，有很好的群众基础，目前民间还有不少人会唱。这一首山歌，咏唱的是男子对心仪的女子表达爱慕之情，用上了民歌中"赋比兴"的手法，以眼前的所见景物或物件起兴，以鸟雀双飞、日月交替、韭菜花开、渡船离去等开头，陈述心中的爱恋与不见的惆怅、相思的苦恼等，表达上较为优雅而深情。

（邓保方演唱）

嫩娇莲 [nɛn¹¹kɪu³³lɛn²⁴]

嫩娇啊莲，[nɛn¹¹kɪu³³a⁰lɛn²⁴]

冇讲冇话就丢啦下。[mao³³kɔŋ⁴⁴mao³³vou¹¹tsʰɪu¹¹tɪu³³la⁰hou¹¹] 冇：没有

丢下阿哥就落起个病，[tɪu³³hou³³a³³kou³³tsʰɪu¹¹lao³³çi⁴⁴ka⁰pan¹¹]

上不上来就下不了下。[ʃieŋ³³pa¹¹ʃieŋ³³lu²⁴tsʰɪu¹¹hou³³pa¹¹la⁰hou³³]

嫩娇娇，嫩娇娇！[nɛn¹¹kɪu³³kɪu³³, nɛn¹¹kɪu³³kɪu³³]

嫩娇冇钱就我嘚啦有。[nɛn¹¹kɪu³³mao³³tsʰɛn²⁴tsʰɪu¹¹haŋ¹¹tae¹¹la⁰iu³³] 我嘚：我处，我这里

嫩娇冇钱到我嘚摸，[nɛn¹¹kɪu³³mao³³tsʰɛn²⁴tao⁵³haŋ¹¹tae¹¹mou³³]

摸完荷包就屋嘚啦有。[mou³³vɵn²⁴hou²⁴pao³³tsʰɪu¹¹au¹¹tɐe¹¹la⁰iu³³]

六月就大水赴割啊禾，[lau³³ȵiɵy³³tsʰɪu¹¹to¹¹ʃy⁴⁴fu⁵³ku¹¹a⁰vou³³]

屋嘚丢下就嫩娇啦娥。[au¹¹tɐe¹¹tiu³³hou³³tsʰɪu¹¹nɐn¹¹kɪu³³la⁰ȵiou²⁴]

摸起禾镰眼泪出，[mou³³çi⁴⁴vou²⁴lɐn²⁴ȵiɔŋ³³ly¹¹tʃʰi¹¹]

点点眼泪滴下啦河。[tɐn⁴⁴tɐn⁴⁴ȵiɔŋ³³ly¹¹ta¹¹hou³³la⁰hou²⁴]

八月十五毒大河，[po¹¹ȵiɵy³³ʃi³³ŋ³³tau¹¹to¹¹hou²⁴]

茶枯赴了就几十啦箩。[tʃʰou²⁴ku³³fu⁵³la⁰tsʰɪu¹¹ci⁴⁴ʃi³³la⁰lou²⁴] 茶枯：油茶籽压榨剩下的渣饼，有毒性

鱼仔因为茶枯啊水，[ȵy²⁴tsa⁴⁴in³³vi²⁴tʃʰou²⁴ku³³a⁰ʃy⁴⁴]

阿哥因为嫩娇啦娥。[a³³kou³³in³³vi²⁴nɐn¹¹kɪu³³la⁰ȵiou²⁴]

这也是一首情歌，不过相对而言其表达更加直率，毫不掩饰地表达相思、爱慕之情，甚至以财物相许，流露出男子的痴情与天真。

（黄传得演唱）

牛郎织女 [n̠ɪu²⁴lɔŋ²⁴tʃae¹¹n̠y³³]

先家早，落大东山深山，[sɐn³³kou³³tsao⁴，lao³³to¹¹tɐŋ³³ʃɐŋ³³ʃin³³ʃɐŋ³³] 先家早：很早以前；落：在

住倒有家单家独户个人家。[tʃʰy¹¹tao⁴⁴iɪu³³kou³³tɐŋ³³kou³³tau⁴⁴vu¹¹ka⁰n̠in²⁴kou³³] 倒：着；个：的

老者老母就早死。[oal³³tʃɛi⁴⁴lao³³mu³³tsʰɪu¹¹tsao⁴⁴sʅ⁴⁴] 老者：父亲

一件青年，[ie¹¹cʰɐn¹¹tsʰɐn³³nɐn²⁴] 件：个

同只老阿哥同老阿嫂，共同生活。[tɐŋ²⁴tʃae¹¹lao⁴⁴a³³kou³³tɐŋ²⁴lao⁴⁴a³³sao⁴⁴，kʰɐŋ¹¹tɐŋ²⁴ʃaŋ³³hua³³]
同：和

他佬阿哥冇蚊ᵗ理事个，[ha⁴⁴lao⁴⁴a³³kou³³mao³³mɐn³³li³³ʃa¹¹ka⁰] 他佬：他；蚊ᵗ：怎么

他佬阿嫂哩就比较小气。[ha⁴⁴lao⁴⁴a³³sao⁴⁴le⁰tsʰɪu¹¹pi⁴⁴kao⁴⁴sɪu⁴⁴cʰi⁵³]

时间久啦，[ʃi²⁴kɔŋ³³cɪu⁴⁴la⁰]

望倒个细佬哩望总唔顺眼，[miɐŋ¹¹tao⁴⁴ka³³sa⁵³lao⁴⁴le⁰miɐŋ¹¹tsɐŋ⁴⁴ŋ³³ʃin¹¹n̠iɔŋ¹¹] 望：看；细佬：弟弟

啲也唔系，个啲也唔系。[ti⁴⁴ia³³ŋ³³ha¹¹，ka³³ti⁴⁴ia³³ŋ³³ha¹¹] 啲：这

成时落他面前哩发神拯性。[ʃan²⁴ʃi⁴⁴lao³³ha⁴⁴mɐn¹¹tsʰɐn²⁴le⁰fo¹¹ʃin²⁴tɐn⁵³san⁵³] 成时：常常；

发神拯性：生气

个青年呢，[kʰa³³tsʰan³³nɐn²⁴na⁰]

落屋嗬日日弶ᵗ子赴做事。[lao³³au¹¹ta¹¹n̠i³³n̠i³³cʰiɐŋ¹¹tsʅ⁴⁴fu⁵³tsu⁵³ʃa¹¹] 屋嗬：家里；弶ᵗ子：这样；赴：去

同个一头黄牛，[tɐŋ²⁴ka³³a³³tau²⁴vɔŋ²⁴n̠ɪu⁴⁴]

日日赴望黄牛落岭嗬。[n̠i³³n̠i³³fu⁵³miɐŋ¹¹n̠ɪu²⁴lao³³lan³³ta¹¹] 落岭嗬：在山上

生活过得好苦命。[ʃaŋ³³hua³³ku⁵³tae¹¹hao⁴⁴kʰu⁴⁴man¹¹]

其实个头黄牛哩，[cʰi²⁴ʃi³³ka³³tau²⁴vɔŋ²⁴n̠ɪu⁴⁴le⁰]

唔系一般普通个黄牛，[ŋ³³ha¹¹a³³pɔŋ³³pʰu⁴⁴tʰɐŋ³³ka⁰vɔŋ²⁴n̠ɪu⁴⁴]

系天上个天牛星来个。[ha¹¹tʰɐn³³ʃiɐŋ¹¹ka⁰tʰɐn³³n̠ɪu²⁴san³³lu²⁴ka⁰]

生活得久哩，[ʃaŋ³³hua³³tae¹¹cɪu⁴⁴le⁰]

黄牛同个粒青年仔哩，[vɔŋ²⁴n̠ɪu⁴⁴təŋ²⁴ka³³lɛi³³tsʰan³³nɐn²⁴tsɑ⁴⁴le⁰]粒：位

也有感情，也讲得来。[ia³³iu³³kuŋ⁴⁴tsʰɐn²⁴, ia³³kɔŋ⁴⁴tae¹¹lu²⁴]

黄牛望倒个粒青年仔哩，[vɔŋ²⁴n̠ɪu⁴⁴miɐŋ¹¹tao⁴⁴ka³³lɛi³³tsʰan³³nɐn²⁴tsɑ⁴⁴le⁰]

勤力、忠诚、老实，好同情他佬，[cʰin²⁴lae³³, tʃɔŋ³³tʃʰan²⁴, lao³³ʃi³³, hao⁴⁴təŋ²⁴tsʰan²⁴ha⁴⁴lao⁴⁴]

落屋嘚又有得好日子过。[lao³³au¹¹ta¹¹iɪu¹¹mao³³tae¹¹hao⁴⁴n̠i³³tsɿ⁴⁴ku⁵³]

就他想办法，歇了眼之后哩，[tsʰɪu¹¹ha⁴⁴siɐŋ⁴⁴pɔŋ¹¹fo¹¹, hɵy¹¹la⁰n̠ɪŋ³³tʃi³³hau¹¹le⁰]歇：睡

个天牛星哩就托梦，[ka³³tʰɐn³³n̠ɪu²⁴san³³tsʰɪu¹¹tʰao¹¹mɐŋ¹¹]

俵粒青年做了一场梦。[pɪu⁵³lɛi³³tsʰan³³nɐn²⁴tsu⁵³la⁰a³³tʃʰiɐŋ²⁴mɐŋ¹¹]俵：让

他话某名，[ha⁴⁴vou¹¹mau³³man²⁴]话：说；某名：某某

你落屋生活同你哥同你嫂哩，[hɛi¹¹lao³³au¹¹ʃaŋ³³hua³³təŋ²⁴hɛi¹¹kou³³təŋ²⁴hɛi¹¹sao⁴⁴le⁰]

生活哩又比较苦命，[ʃaŋ³³hua³³le⁰iɪu¹¹pi⁴⁴kao⁴⁴kʰu⁴⁴man¹¹]

你不如自己成家啊，[hɛi¹¹pa¹¹y²⁴tsʰɿ¹¹ci⁴⁴ʃan²⁴kou²⁴a⁰]

蚊ᵇ子来成家哩？[mɐn³³tsɿ⁴⁴lu²⁴ʃan²⁴kou³³le⁰]蚊ᵇ子：怎样

我教你粒办法。[haŋ¹¹kao⁵³hɛi¹¹lɛi³³pɔŋ¹¹fo¹¹]

你到七月某日哩，[hɛi¹¹tao⁵³tsʰe¹¹n̠iɵy³³mau³³n̠i³³le⁰]

就到河边赴。[tsʰɪu¹¹tao⁵³hou²⁴pɐn³³fu⁵³]

就望倒有啊六七粒女仔家，[tsʰɪu¹¹miɐŋ¹¹tao⁴⁴iɪu³³a⁰lau³³tsʰe¹¹lɛi³³n̠y³³tsɑ⁴⁴kou³³]女仔家：女孩子

落唰洗冷水身，[lao³³ti⁴⁴sa⁴⁴laŋ³³ʃy⁴⁴ʃin³³]洗冷水身：游泳、戏水

更ᵇ他个衣裳。[kaŋ⁵³ha⁴⁴ka⁰i³³ʃiɐŋ²⁴]更ᵇ：放着

你哩就想办法，[hɛi¹¹le⁰tsʰɪu¹¹siɐŋ¹¹pɔŋ¹¹fo¹¹]

偷一套他佬个衣裳裙到来，[tʰau³³a³³tʰao⁵³ha⁴⁴lao⁴⁴ka⁰i³³ʃiɐŋ²⁴kʰuɐn²⁴tao⁵³lu²⁴]

就弶ᵇ子哩就娶得倒姑娘倒个啦。[tsʰɪu¹¹cʰiɐŋ¹¹tsɿ⁴⁴le⁰tsʰɪu¹¹tsʰy⁴⁴ta¹¹tao⁴⁴pu³³n̠iɐŋ²⁴tao⁴⁴ka⁰la⁰]弶ᵇ：这样

其实个七粒女仔家哩，[cʰi²⁴ʃi³³ka³³tsʰe¹¹lɛi¹¹n̠y³³tsɑ⁴⁴kou³³le⁰]

系天上个七仙女来个。[ha¹¹tʰɐn³³ʃiɐŋ¹¹ka⁰tsʰe¹¹sɐn³³n̠y³³lu²⁴ka⁰]

下凡，偷偷下凡来，来要个。[hou³³fɐŋ²⁴, tʰau³³tau³³hou³³fɐŋ²⁴lu²⁴, lu²⁴ʃou⁵³ka⁰]

听到个话之后，[第二]日清早醒过来。[tʰɐn³³tao⁴⁴kɑ³³vou¹¹tʃi³³hau¹¹, tae¹¹ni³³tsʰan³³tsɑo⁴⁴san⁴⁴ku⁵³lu²⁴]

到了某月某日哩，[tau⁵³lɑ⁰mau³³ɲiɵy³³mau³³ni³³le⁰]

个粒青年就真个走到个河边赴，[kɑ³³lɛi³³tsʰan³³nɐn²⁴tsʰɪu¹¹tʃin³³kɑ⁰tsau⁴⁴tao⁵³kɑ³³hou²⁴pɐn³³fu⁵³] 真个：真的

望倒有七粒女仔家，靓个女仔家，[miɐn¹¹tao⁴⁴iɪu³³tsʰe¹¹lɛi³³ny³³tsa⁴⁴kou³³, liɐŋ⁵³kɑ⁰ny³³tsa⁴⁴kou³³]

落啲耍，洗冷水身。[lao³³ti⁴⁴ʃou⁵³, sa⁴⁴laŋ³³ʃy⁴⁴ʃin³³]

青年仔哩，到岸边个树脚头哩，[tsʰan³³nɐn²⁴tsa⁴⁴le⁰, tao⁵³ɲɐiŋ¹¹pɐn³³kɑ⁰ʃy¹¹ce¹¹tau²⁴le⁰]

就摩了其中一套，[tsʰɪu¹¹mou²⁴lɑ⁰cʰi²⁴tʃɐŋ³³ɑ³³tʰao⁵³] 摩：拿取

个啲裙服到来，俾紧。[kɑ³³ti⁴⁴kʰuɐn²⁴fau³³tao⁵³lu²⁴, pan⁵³cin⁴⁴] 俾紧：藏着

七仙女耍完了，洗完冷水身哩，[tsʰe¹¹sɐn³³ny³³ʃou⁵³vɐn²⁴le⁰, sa⁴⁴vɐ²⁴laŋ³³ʃy⁴⁴ʃin³³le⁰]

纷纷上岸，摩自己个衣裳，[fɐn³³fɐn³³ʃiɐŋ³³niɐn¹¹, mou²⁴tsʰɿ¹¹ci⁴⁴kɑ⁰i³³ʃiɐŋ²⁴]

摩个裙裤来着啦，[mou²⁴kɑ³³kʰuɐn²⁴fu⁵³lu²⁴ti¹¹lɑ⁰] 着：穿

唯一到后背哩，个粒细仙女哩，[vi²⁴i¹¹tao⁵³hau¹¹pi⁵³le⁰, kɑ³³lɛi³³sɑ⁵³sɐn³³ny³³le⁰] 细仙女：小仙女，最小的
   一位

找来找赴，找衣裳找裙找唔倒，[ʃao⁴⁴lu²⁴ʃao⁴⁴fu⁵³, ʃao⁴⁴i³³ʃiɐŋ²⁴ʃao⁴⁴kʰuɐn²⁴ʃao⁴⁴ŋ³³tao⁴⁴]

弶＝子激啲个，六件仙女哩，[cʰiɐŋ¹¹tsɿ⁴⁴kae¹¹ti⁴⁴kɑ⁰, lau³³cʰɐn¹¹sɐn³³ny³³le⁰] 弶＝子激啲个：这样子急呢

到赴上天啦。[tao⁵³fu⁵³ʃiɐŋ³³tʰɐn³³le⁰] 到赴：回去

个粒细个仙女她一面走，[kɑ³³lɛi³³sɑ⁵³kɑ⁰sɐn³³ny³³ha⁴⁴ɑ³³mɐn¹¹tsau⁴⁴]

自己落啲找衣裳，[tsʰɿ¹¹ci⁴⁴lao³³ti⁴⁴ʃao⁴⁴i³³ʃiɐŋ²⁴]

就沿着地底泺个脚印一路找紧赴，[tsʰɪu¹¹iɐn²⁴tʃao¹¹ti¹¹ta⁴⁴nɐŋ¹¹kɑ⁰ce¹¹in⁵³ɑ³³lu¹¹ʃao⁴⁴cin⁴⁴fu⁵³] 泺：湿

找到粒青年仔个屋嘚赴啦。[ʃao⁴⁴tao⁵³lɛi³³tsʰan³³nɐn²⁴tsa⁴⁴kɑ⁰au¹¹ta¹¹fu⁵³lɑ⁰] 屋嘚：家里

仙女哩，一路找到粒青年仔屋嘚赴啦，[sɐn³³ny³³le⁰, ɑ³³lu¹¹ʃao⁴⁴tao⁵³tsʰan³³nɐn²⁴tsa⁴⁴au¹¹ta¹¹fu⁵³lɑ⁰]

青年仔啱线阿哥同嫂出赴做事啦。[tsʰan³³nɐn²⁴tsa⁴⁴ɲiɐŋ⁴⁴sɐn⁵³ɑ³³kou³³tɐŋ²⁴sao⁴⁴tʃʰi¹¹fu⁵³tsu⁵³ʃa¹¹le⁰]

   啱线：刚好

突然之间望倒门口有粒女娘家，[tʰa¹¹iɐn¹¹tʃi³³kɔŋ³³miɐn¹¹tao⁴⁴mɐn²⁴cʰau⁴⁴iɪu³³lɛi³³ny³³niɐn²⁴kou³³]

走入来，一问，阿哥阿哥，她话，[tsau⁴⁴ni³³lu²⁴, ɑ³³mɐn¹¹, ɑ³³kou³³ɑ³³kou³³, ha⁴⁴vou¹¹]

即先你有冇拾套衣裳到来，裙啊。[tse¹¹sɐn³³hɐi¹¹iɪu³³mao³³ʃɐi¹¹tʰao⁵³i³³ʃiɐŋ²⁴tao⁵³lu²⁴, kʰuɐn²⁴ɑ⁰]

他望到哩，有有有。[ha⁴⁴mieŋ¹¹tao⁵³le⁰, iɹu³³iɹu³³iɹu³³]

我摩一到来，觉得奇怪，摩了到来，[haŋ¹¹mou²⁴a³³tao⁵³lu²⁴, kʰao¹¹ta¹¹cʰi²⁴ko⁵³, mou²⁴la⁰tao⁵³lu²⁴]

呐，个套系你个啦。[na⁰, ka³³tʰao⁵³ha¹¹hɛi¹¹ka⁰la⁰]

她话系啦。[ha⁴⁴vou¹¹ha¹¹la⁰] 系：是

就俵她着，摩凳俵她坐倒，[tsʰɹu¹¹pɹu⁵³ha⁴⁴ti¹¹, mou²⁴tieŋ⁵³pɹu⁵³ha⁴⁴tsʰou³³tao⁴⁴]

就两件人讲下自己个身世。[tsʰɹu¹¹lieŋ³³cʰen¹¹ȵin²⁴koŋ⁴⁴hou¹¹tsʰɹ¹¹ci⁴⁴ke⁰ʃin³³ʃɛi⁵³]

她话我哩，也落岭嘚住个，[ha⁴⁴vou¹¹haŋ¹¹le⁰, ia³³lao³³lan³³ta¹¹tʃʰy¹¹ka⁰]

独生女，蚊＝子蚊＝子。[tau³³ʃaŋ³³ȵy³³, men²⁴tsɹ⁴⁴men⁴⁴tsɹ⁴⁴]

男个哩，他佬望倒个筒男个样，[noŋ²⁴ka⁰le⁰, ha⁴⁴lao⁴⁴mieŋ¹¹tao⁴⁴ka³³təŋ²⁴noŋ²⁴ka⁰ieŋ¹¹] 筒：种

哈，善良、勤劳、朴素，[ha⁰, ʃen¹¹lieŋ²⁴, cʰin²⁴lao²⁴, pʰau¹¹su⁵³]

因为同阿嫂个关系唔系几好，[in³³vi¹¹təŋ²⁴a³³sao⁴⁴ka⁰koŋ³³çi¹¹ŋ³³ha¹ⁱ⁴⁴hao⁴⁴]

孤苦伶仃，[ku³³kʰu⁴⁴lan²⁴tan³³]

所以女个也同情他佬，[sou⁴⁴ⁱ³³ȵy³³ka⁰ia³³təŋ²⁴tsʰan²⁴ha⁴⁴lao⁴⁴]

同情个粒男青年。[təŋ²⁴tsʰan²⁴ka³³lɛi³³noŋ²⁴tsʰen³³nen²⁴]

逐渐逐渐哩，[tʃʰau³³tsʰen³³tʃʰau³³tsʰen³³le⁰]

他两件人哩有感情，出赴做事，[ha⁴⁴lieŋ³³cʰen¹¹ȵin²⁴le⁰iɹu³³kuŋ⁴⁴tsʰan²⁴, tʃʰi¹¹fu⁵³tsu⁵³ʃa¹¹]

最后结为夫妻，[tsy⁵³hau¹¹cɛi¹¹vi²⁴fu³³tsʰi³³]

过了过紧男耕女织个生活。[ku⁵³le⁰ku⁵³cin⁴⁴noŋ²⁴kaŋ³³ȵy³³tʃae¹¹ka⁰ʃaŋ³³hua³³]

冇到一年又添了件男子仔，[mao³³tao⁵³a³³nen²⁴iɹu¹¹tʰen³³la⁰cʰen¹¹noŋ²⁴tsɹ⁴⁴tsa⁴⁴] 男子仔：男孩

仍然落啲另自个打了个厂，[ieŋ²⁴ien²⁴lao³³ti⁴⁴lan¹¹tsʰɹ¹¹ka⁰tou⁴⁴la⁰ka⁰tʃʰieŋ⁴⁴] 另自个：另外 厂：寮

打了个茅厂，两公婆，三仔娘，[tou⁴⁴la⁰ka⁰mao²⁴tʃʰieŋ⁴⁴, lieŋ³³koŋ³³pou²⁴, soŋ³³tsa⁴⁴nieŋ⁴⁴] 公婆：夫妻

过啦个虽然辛苦，过了个幸福个生活。[ku⁵³la⁰ka⁰sy³³ien²⁴sin³³kʰu⁴⁴, ku⁵³la⁰ka⁰han¹¹fau⁴⁴ka⁰ʃaŋ³³hua³³]

马分两头，讲到个天上，[mou³³fen³³lieŋ³³tau²⁴, koŋ⁴⁴tao⁴⁴ka³³tʰen³³ʃieŋ¹¹]

玉皇大帝做生日，[y¹¹voŋ²⁴to¹¹ti⁵³tsu⁵³ʃaŋ³³ȵi⁴⁴] 做生日：庆祝生日

喊七仙女来唱歌跳舞。[hoŋ⁵³tsʰe¹¹sen¹¹ȵy³³lu²⁴tʃʰieŋ³³kou³³tʰɹu⁵³u⁴⁴]

啊咧，少啦一件，得到六件仙女。[a⁰lɛi²⁴, ʃɹu⁴⁴la⁰a³³cʰen¹¹, ta¹¹tao⁵³lau³³cʰen¹¹sen³³ȵy³³]

309

一问，蚊＝子个回事，[a³³mɛn¹¹，mɛn³³tsʅ⁴⁴ka⁰vi²⁴ʃa¹¹]

后背后了解倒，了解倒一件哩，[hau¹¹pi⁵³hau¹¹lɪu⁴⁴ko⁴⁴tao⁴⁴，lɪu⁴⁴ko⁴⁴tao⁴⁴a³³cʰɛn¹¹le⁰]

就落人间啦，冇上天啦，[tsʰɪu¹¹lao³³nin²⁴kɔŋ³³la⁰，mao³³ʃiɐŋ³³tʰɐn³³la⁰]

落民间过生活啦。[lao³³min²⁴kɔŋ³³ku⁵³ʃɐŋ³³hua³³la⁰]

玉皇大帝大怒，[y¹¹vɔŋ²⁴to¹¹ti⁵³to¹¹nu¹¹]

派了个天兵天将，[pʰo⁵³la⁰ka⁰tʰɛn³³pan³³tʰɛn³³tsiɐŋ⁵³]

赴捉搦，捉搦倒来，受处罚。[fu⁵³tʃao³³na³³，tʃao⁴⁴na³³tao⁵³lu²⁴，ʃɪu¹¹tʃʰy⁵³fo³³] 捉搦：捉拿

弳＝子哩弄起落地底哩，[cʰiɐŋ¹¹tsʅ⁴⁴le⁰lɘŋ¹¹çi⁴⁴lao³³ti¹¹ta⁴⁴le⁰]

派人哩就弄个仙女，[pʰo⁵³nin²⁴le⁰tsʰɪu¹¹lɘŋ¹¹ka³³sɛn³³ɲy³³]

拆散她佬个公婆，[tʃʰa¹¹sɔŋ⁴⁴ha⁴⁴lao³³ka⁰kɘŋ³³pou²⁴]

破坏她个幸福家庭，捉上天。[pʰou⁵³vo¹¹ha⁴⁴ka⁰han¹¹fau¹¹kou³³tan²⁴，tʃao⁴⁴ʃiɐŋ³³tʰɐn³³]

弳＝子个男个哩受倒好大个打击，[cʰiɐŋ¹¹tsʅ⁴⁴ka⁰nɔŋ²⁴ka⁰le⁰ʃɪu¹¹tao⁴⁴hao⁴⁴to¹¹ka¹¹tou⁴⁴kae¹¹]

哈，痛苦万分，哈，日日哭。[ha⁰，tʰɘŋ⁵³kʰu⁴⁴vɔŋ¹¹fɛn³³，ha⁰，ɲi³³ɲi³³hau¹¹]

俵他哩个粒黄牛望倒，[pɪu⁵³ha⁴⁴le⁰ka³³lɛi³³vɔŋ²⁴nɪu⁴⁴miɐŋ¹¹tao⁴⁴]

弳＝子个情况也同情，[cʰiɐŋ¹¹tsʅ⁴⁴ka⁰tsʰan²⁴kʰɔŋ⁴⁴ia³³tɘŋ²⁴tsʰan²⁴]

就告俵他佬听，快走快走，覅哭。[tsʰɪu¹¹kao⁵³pɪu⁵³ha⁴⁴lao⁴⁴tʰan³³，fo⁵³tsau⁴⁴fo⁵³tsau⁴⁴，mɛi⁵³hau¹¹]

想办法，弄以个牛，[siɐŋ⁴⁴pɔŋ¹¹fo¹¹，lɘŋ¹¹i⁴⁴ka⁰nɪu²⁴]

牛角哩变啦两件箩筐，[nɪu²⁴kao¹¹le⁰pɛn⁵³la⁰liɐŋ³³cʰɛn¹¹lou²⁴kʰɔŋ³³]

摩个担竿担起，一边担倒个仔，[mou²⁴ka⁰tɔŋ⁵³kɔŋ³³tɔŋ³³çi⁴⁴，a³³pɛn³³tɔŋ³³tao⁴⁴ka³³tsa⁴⁴] 担竿：扁担；

担：挑

另一边哩担倒个被袄行李。[lan¹¹a³³pɛn³³le⁰tɔŋ³³tao⁴⁴ka³³pi³³pu²⁴hɑŋ²⁴li³³]

到处，个牛哩，牵紧他佬赴找，[tao⁵³tʃʰy⁵³，ka³³nɪu²⁴le⁰，cʰɛn³³cin⁴⁴ha⁴⁴lao⁴⁴fu⁵³ʃao⁴⁴]

赴找个筒仙女，赴找仙女哩，[fu⁵³ʃao⁴⁴ka³³tɘŋ²⁴sɛn³³ɲy³³，fu⁵³ʃao⁴⁴sɛn³³ɲy³³le⁰]

就一路哩，跟紧个牛哩，[tsʰɪu¹¹a³³lu¹¹le⁰，cɛn³³cin⁴⁴ka³³nɪu²⁴le⁰]

哈，天牛星一路跟上，[ha⁰，tʰɛn³³nɪu²⁴san³³a³³lu¹¹cɛn³³ʃiɐŋ³³]

向天空行天嗰一路哭，[çiɐŋ⁵³tʰɐn³³kʰɔŋ³³hɑŋ²⁴tʰɛn³³ta¹¹a³³lu¹¹au¹¹]

一路走以赴找。[a³³lu¹¹tsau⁴⁴i³³fu⁵³ʃao⁴⁴]

就玉皇大帝派天兵天将，[tsʰɩu¹¹y¹¹vɔŋ²⁴to¹¹ti⁵³pʰo⁵³tʰɐn³³pan³³tʰɐn³³tsiɐŋ⁵³]

捉了个仙女上天之后哩，[tʃao¹¹la⁰ka³³sɐn³³ny³³ʃiɐŋ³³tʰɐn³³tʃɩ³³hau³³le⁰]

个仙女哩，舍唔得个牛郎，日日哭。[ka³³sɐn³³ny³³le⁰，ʃɛi⁴⁴ŋ³³tae¹¹ka³³nɩu²⁴lɔŋ²⁴，ni³³ni³³hau¹¹]

日夜哭哩，爱归到人间，[ni³³iɛi¹¹hau¹¹le⁰，u⁵³kuɛi³³tao⁵³nin²⁴kɔŋ³³] 爱：要

想下到人间。[siɐŋ⁴⁴hou³³tao⁵³nin²⁴kɔŋ³³]

玉皇大帝哩，坚决唔肯，[y¹¹vɔŋ²⁴to¹¹ti⁵³le⁰，cɐn³³kʰɵy¹¹ŋ³³çiɐŋ⁴⁴]

弜⁼子来讲哩，支一把大刀，[cʰiɐŋ¹¹tsɿ⁴⁴lu²⁴kɔŋ⁴⁴le⁰，ci³³a³³pou⁴⁴to¹¹tao³³]

横转一劈，[vaŋ²⁴tɵn⁵³a³³pʰɛi¹¹]

□起天上人间劈成一条天河，[ɐŋ³³çi⁴⁴tʰɐn³³ʃiɐŋ¹¹nin²⁴kɔŋ³³pʰɛi¹¹ʃan²⁴a³³tɩu²⁴tʰɐn³³hou²⁴] □：弄

隔断天上同人间，人间个来往。[ka¹¹tuŋ³³tʰɐn³³ʃiɐŋ³³tɵŋ²⁴nin²⁴kɔŋ³³，nin²⁴kɔŋ³³ka⁰lu²⁴vɔŋ³³]

大浪滔滔，烟尘滚滚，[to¹¹lɔŋ¹¹tʰao³³tʰao³³，ɐn³³tʃʰin²⁴kuɐn⁴⁴kuɐn⁴⁴]

系谁都赴唔得，一条天河。[ha¹¹ʃi²⁴tu³³fu⁵³ŋ³³ta¹¹，a³³tɩu²⁴tʰɐn³³hou²⁴]

话说个牛郎俵个天牛星带了上天，[vou¹¹ʃɵy¹¹ka³³nɩu²⁴lɔŋ²⁴pɩu⁵³ka³³tʰɐn³³nɩu²⁴san³³to⁵³la⁰ʃiɐŋ³³tʰɐn³³]

俵：被

潮雾罩罩，大浪滔滔，哭哭啼啼，[tʃʰao²⁴mu¹¹tʃao⁵³tʃao⁵³，to¹¹lɔŋ¹¹tʰao³³tʰao³³，hau¹¹hau¹¹ta²⁴ta²⁴]

找个筒弜⁼子隔绝啦，[ʃao⁴⁴ka³³tɵŋ²⁴cʰiɐŋ¹¹tsɿ⁴⁴ka¹¹tsɵy⁵³la⁰] 筒：个

啊，冇办法找到个筒仙女了。[a³³，mao³³pɔŋ¹¹fo¹¹ʃao⁴⁴tao⁴⁴ka³³tɵŋ²⁴sɐn³³ny³³la⁰]

哭声哩震动了王母娘娘，出来问，[hau¹¹ʃan³³le⁰tʃin⁵³tɵŋ³³la⁰vɔŋ²⁴mu³³niɐŋ²⁴niɐŋ²⁴，tʃʰi¹¹lu²⁴mɐn¹¹]

个天牛星哩，[ka³³tʰɐn³³nɩu²⁴san³³le⁰]

就把个筒过程同王母娘娘讲。[tsʰɩu¹¹pou⁴⁴ka³³tɵŋ²⁴ku⁵³tʃʰan²⁴tɵŋ²⁴vɔŋ²⁴mu³³niɐŋ²⁴niɐŋ²⁴kɔŋ⁴⁴]

噢，原来哩牛郎同织女两件哩，[ao⁰，iɵn²⁴lu²⁴le⁰nɩu²⁴lɔŋ²⁴tɵŋ²⁴tʃae¹¹ny³³liɐŋ³³cʰɐn¹¹le⁰] 件：个

俵天河隔断，[pɩu⁵³tʰɐn³³hou²⁴ka¹¹tuŋ³³]

过倒哩人间天上隔绝个生活。[ku⁵³tao⁴⁴le⁰nin²⁴kɔŋ³³tʰɐn³³ʃiɐŋ¹¹ka¹¹tsʰɵ³³ka⁰ʃaŋ³³hua³³]

哈，所以哭哭啼啼。[ha⁰，sou⁴⁴i³³hau¹¹hau¹¹ta²⁴ta²⁴]

弜⁼子王母娘娘哩受到感动，[cʰiɐŋ¹¹tsɿ⁴⁴vɔŋ²⁴mu³³niɐŋ²⁴niɐŋ²⁴le⁰ʃɩu¹¹tao⁵³kuŋ⁴⁴tɵŋ¹¹]

有心帮助他佬，[iu³³sin³³poŋ³³tʃʰu¹¹ha⁴⁴lao⁴⁴]

完啦个对夫妻的愿望。[vɵn²⁴la⁰ka³³ty⁵³fu³³tsʰe³³ka³³ɲiɵn¹¹voŋ¹¹]

想办法，因为一来天河隔断哩，[siɵŋ⁴⁴poŋ¹¹fo¹¹, in³³vi¹¹a³³lu²⁴tʰɐn³³hou²⁴ka¹¹tuŋ³³le⁰]

绝对绝了个人情个，唔得人心个，[tsʰɵy³³ty⁵³tsʰɵy³³la⁰ka³³ɲin²⁴tsʰan⁴⁴ka⁰, ŋ²⁴tae¹¹ɲin²⁴sin³³ka⁰]

王母娘娘决心帮他佬。[voŋ²⁴mu³³ɲiɵŋ²⁴ɲiɵŋ²⁴kʰɵy¹¹sin³³poŋ³³ha⁴⁴lao⁴⁴]

解决个困难，弶＝子哩，[ko⁴⁴kʰɵy¹¹ka³³kʰuɐn⁵³noŋ²⁴, cʰiɵŋ¹¹tsɿ⁴⁴le⁰]

王母娘娘呕，一般个号召，[voŋ²⁴mu³³ɲiɵŋ²⁴ɲiɵŋ⁴⁴au⁴⁴, a³³poŋ³³ka⁰hao¹¹tʃʰu¹¹] 呕：叫唤

千千万万个喜鹊飞到来落两边，[tsʰɐn³³tsʰɐn³³voŋ¹¹voŋ¹¹ka⁰çi⁴⁴sae¹¹fi³³tao⁵³lu²⁴lao¹¹liɵŋ³³pɐn³³]

啊，千千万万个，问了他佬，[a⁰, tsʰɐn³³tsʰɐn³³voŋ¹¹voŋ¹¹ka⁰, mɐn¹¹la⁰ha⁴⁴lao⁴]

想办法架一渡桥。[siɵŋ⁴⁴poŋ¹¹fo¹¹kou⁵³a³³tu¹¹cʰu²⁴]

个啲喜鹊听了之后哩，[ka³³ti⁴⁴çi⁴⁴sae¹¹tʰan¹¹la⁰tʃi³³hau¹¹le⁰]

千千万万个喜鹊，头尾相连，[tsʰɐn³³tsʰɐn³³voŋ¹¹voŋ¹¹ka⁰çi⁴⁴sae¹¹, tau²⁴mi³³siɵŋ³³lɐn²⁴]

一只踏一只，踏倒一渡，[a³³tʃae¹¹tʰo¹¹a³³tʃae¹¹, tʰo¹¹tao⁴⁴a³³tu¹¹]

把天桥哩，架了渡天桥，[pou⁴⁴tʰɐn³³cʰu²⁴le⁰, kou⁵³la⁰tu¹¹tʰɐn³³cʰu²⁴]

天河哩变了天垫，[tʰɐn³³hou²⁴le⁰pɐn⁵³la⁰tʰɐn³³tʃɐŋ⁴⁴]

变了一筒通途了。[pɐn⁵³la⁰a³³tɐŋ²⁴tʰɐŋ³³tu²⁴la⁰]

弶＝子哩，牛郎担个担，[cʰiɵŋ¹¹tsɿ⁴⁴le⁰, ɲiu²⁴loŋ²⁴toŋ³³ka³³toŋ⁵³]

担个担篮个仔同被铺，[toŋ³³ka³³toŋ⁵³loŋ²⁴ka⁰tsa⁴⁴tɵŋ²⁴pi³³pʰu³³] 被铺：被子

沿着个条喜鹊个条，[iɵn²⁴tʃao¹¹ka³³tiu²⁴çi⁴⁴sae¹¹ka³³tiu²⁴]

落七月初七，七夕节，[lao³³tsʰe¹¹ɲiɵy³³tʃʰɵy³³tsʰe¹¹, tsʰe¹¹sae¹¹tsɛi¹¹]

担起赴，行个啲喜鹊个天桥，[toŋ³³çi⁴⁴fu⁵³, haŋ²⁴ka³³ti⁴⁴çi⁴⁴sae¹¹ka³³tʰɐn³³cʰu²⁴]

一直过了，找倒仙女，[a³³tʃe³³ku⁵³le⁰, ʃao⁴⁴tao⁴⁴sɐn³³ny³³]

就变了哩，两个人哩。[tsʰu¹¹pɐn⁵³la⁰le⁰, liɵŋ³³ka⁰ɲin²⁴le⁰]

天女同个牛郎相会。[tʰɐn³³ny³³tɐŋ²⁴ka³³ɲiu²⁴loŋ²⁴siɵŋ³³vi¹¹]

个辘故事哩后来变了个七夕相会，[ka³³lau³³ku⁵³ʃi¹¹le⁰hau¹¹lu²⁴pɐn⁵³la⁰ka³³tsʰe¹¹sae¹¹siɵŋ³³vi¹¹] 辘：个

人间哩变了个情人节。[ɲin²⁴koŋ³³le⁰pɐn⁵³la⁰ka⁰tsʰan²⁴ɲin²⁴tsɛi¹¹]

哈，就是两边完啦嘅，[a⁰, tsʰɯ¹¹lieŋ³³pen³³vøn²⁴la⁰ka⁰]

完成一具，一个情人相会的地方。[vøn²⁴ʃan²⁴a³³kʰɵy¹¹, a³³ka⁰tsʰan²⁴n.in²⁴sieŋ³³vi¹¹ka⁰ti¹¹fɔŋ³³]

牛郎织女

很久以前，在大东山的深山里，住着一个单门独户的人家。这家的父母亲很早就去世了。家中有一位年轻人，和哥哥嫂嫂一同生活。他哥哥不怎么管事，他的嫂嫂就比较小气。时间久了，嫂嫂看着小叔子，怎么看都不顺眼，这也不是、那也不是，整天在他面前使性子、摆脸色。那个青年，在家里天天如此，只能和一头黄牛，天天去山上放牧。

其实这头黄牛，不是一般的黄牛，而是天上的天牛星。生活得久了，黄牛和这个青年有感情、有话说。黄牛看到这位青年勤劳、忠诚、老实，在家里又没有好日子过，它就想办法，在睡觉以后托梦给这个青年，它说某某啊，你在家与哥哥嫂嫂生活，比较辛苦，你不如自己成个家。怎么来成家呢？我教你一个办法，到了七月某日，你到河边去，看到有六七位姑娘在那里洗澡戏水，放着的衣服，你就想办法偷一套回来。这样，你就可以娶到媳妇。其实这七位姑娘，是天上的七仙女，偷偷下凡来玩的。

听到这个话之后，青年第二天大清早醒了过来。到了某月某日，这青年就真的来到河边，看到有七位漂亮的女子，在那里玩耍、游泳、戏水。青年就到岸边的树脚下，拿了一套衣服裙子，藏了起来。

七仙女玩好了，洗好了身子，纷纷上岸拿自己的衣服裙子来穿上。唯一到最后，那位小仙女，找来找去找不到衣服。这样，六位仙女就返回天上去了。那个小仙女在地面上走着，沿着湿的脚印一路找过去，找到了那个青年的家里。

刚好青年的哥哥嫂嫂出去做事了。青年突然之间看到门口有位女子，她走进来问："阿哥阿哥，"她说，"此前你有没有拾到一套衣服裙子呢？"他看到了，说："有啊有啊，我一拿到觉得奇怪就拿回来了，嗯，这套是你的了。"她说："是啦。"就让她穿上，拿了张凳子，让她坐下。两个人就开始说起各自的身世。她说："我也是住在山里的，独生子女……"诸如此类。她看到这个男子善良、勤劳、朴素，因为与哥哥嫂嫂关系不太好，孤苦伶仃，所以也同情他。

逐渐地，他们两人有了感情，出去做事，最后结为了夫妻，过上了男耕女织的生活。不到一年，又添了个男孩。他们在那里另外搭建了个简陋的房子，茅草房，两夫妻，一家三口，过着虽然清苦但是幸福的生活。

话分两头，说到天上玉皇大帝过生日，要七仙女来唱歌跳舞。哎呀，少了一位，只有六位仙女。一问怎么回事，后面了解到一位去了人间，没上天，在民间过生活。玉皇大帝大怒，派了天兵天将，去人间抓仙女，拆散他们夫妻，破坏他们家庭。这样，这个男子受到了很大的打击，痛苦万分，每天都在哭。

这一切都被黄牛看到了，这个情况它也很同情，就告知男子快走，别哭。老黄牛想办法，把牛角变成两个箩筐。男子拿根扁担挑起，一边挑着儿子，一边挑着被子行李等，到处去找那个仙女。嗨呀，天牛星一路跟着，向天空一路哭着去找。

玉皇大帝派了天兵天将，捉拿那仙女上天之后呢，那个仙女舍不得牛郎，日夜在哭，要回到人间。玉皇大帝坚决不肯，于是他拿起一把大刀，横转着一劈，结果在天上人间之间劈出了一条天河，隔断了天上与人间的来往。大浪滔滔，烟尘滚滚，谁都过不了的一条天河。

话说牛郎被天牛星带上了天，雾气笼罩，大浪滔滔，他整天哭着，就这样隔绝了，没办法再找到那个仙女了。哭声震动了王母娘娘，出来问询。天牛星就把这个过程与王母娘娘说。哦，原来牛郎与织女被天河隔断，过着天上人间隔绝的生活。所以哭声感动了王母娘娘，她有心来帮助他，完成这对夫妻的愿望。因为天河隔断是绝了人情、不得人心的。王母娘娘下决心帮助他，解决这个困难。

这样呢，王母娘娘叫来了千千万万的喜鹊，飞到两边，让它们想办法架一座桥。那些喜鹊听了之后呢，头尾相连，一只踏着一只，搭成一座天桥，天河变成天堑，后来又变成一条通途了。

这样呢，牛郎挑着担子，挑着孩子与被褥，沿着喜鹊搭起的桥，在七月初七七夕节，一直过去，找到了仙女。牛郎与织女就相会了。这个故事后来变成七夕相会，在人间变成了一个情人节。两边完成了愿望，成了一个情人相会的地方。

大路边的破落地主 [to¹¹lou¹¹pɐn³³kaᵒpʰou⁵³lao³³ti¹¹tʃy⁴⁴]

印今讲阿个古仔，[in⁵³cin³³kɔŋ⁴⁴a³³kaᵒku⁴⁴tsa⁴⁴] 印今：现在；阿个：一个；古仔：故事

大路边佬犁田。[to¹¹lu¹¹pɐn³³lao⁴⁴la²⁴tɐn²⁴] 大路边：连州东北角的一个镇

就先家早，[tsʰɪu¹¹sɐn³³kou³³tsao⁴⁴] 先家早：以前

大路边有一家财主佬。[to¹¹lu¹¹pɐn³³iu³³a³³kaᵒtsʰu²⁴tʃy⁴⁴lao⁴⁴]

到了下一代哩，破落啦，[tao⁵³la⁵³hou¹¹a³³tu¹¹leᵒ，pʰou⁵³lao³³laᵒ]

有钱变了冇钱啦。[iu³³tsʰɐn²⁴pɐn⁵³laᵒmao³³tsʰɐn²⁴laᵒ] 冇：没有

先家早，个件人啦，[sɐn³³kou³³tsao⁴⁴，ka³³cʰɐn¹¹ɲin²⁴laᵒ]

犁田都冇衣裳着。[a²⁴tɐn²⁴tu³³mao³³i³³ʃiɐŋ²⁴ti¹¹] 着：穿

就到翻倒了，[tsʰɪu¹¹tao⁵³fɔŋ³³tao⁴⁴la⁰]

翻倒一块祖上留下来个长蓝衫，[fɔŋ³³tao⁴⁴a³³kʰo⁵³tsu⁴⁴ʃiɐŋ¹¹lɪu²⁴hou¹¹lu²⁴kaᵗʃʰiɐŋ²⁴lɔŋ²⁴ʃɔŋ³³] 长蓝衫：长衫

虽然旧，[sy³³iɐŋ²⁴cʰɪu¹¹]

着起赴犁田。[ti¹¹çi⁴⁴fu⁵³la²⁴tɐn²⁴]

走出个田嘚赴，[tsau⁴⁴tʃʰi¹¹ka³³tɐn²⁴ta¹¹fu⁵³] 田嘚：田里

一面拉牛，一面犁田。[a³³mɐn¹¹lɛi³³n̠ɪu²⁴，a³³mɐn¹¹la²⁴tɐn²⁴]

背起个犁，啪，啪，犁田。[pi⁵³çi⁴⁴ka⁰la²⁴，pʰiau⁵³，pʰiau⁵³，la²⁴tɐn²⁴]

就见倒哩，一帮学生仔行啲过，[tsʰɪu¹¹cɐn⁵³tao⁴⁴le⁰，ie¹¹pɔŋ³³hao³³ʃaŋ³³tsa⁴⁴haŋ²⁴ti¹¹ku⁵³] 行啲：走着

就觉得好奇怪。[tsʰɪu¹¹kao¹¹ta¹¹hao⁴⁴cʰi²⁴ko⁵³]

农民耕田着短衣裳个，[nɐŋ²⁴min²⁴kaŋ³³tɐn²⁴ti¹¹tuŋ⁴⁴i³³ʃiɐŋ²⁴ka⁰]

羁手巾个。[ka³³ʃɪu⁴⁴cin³³ka⁰] 羁：系，扎

蚊ᵘ子行个见倒个弶ᵘ奇怪个，[mɐn³³tsɿ⁴⁴haŋ²⁴ka⁰cɐn⁵³tao⁴⁴ka⁰cʰiɐŋ¹¹cʰi²⁴ko⁵³ka⁰] 蚊ᵘ子：怎么样；弶ᵘ：这么

着长蓝衫来犁田个哩？[ti¹¹tʃʰiɐŋ²⁴lɔŋ²⁴ʃɔŋ³³lu²⁴la²⁴tɐn²⁴ka⁰le⁰]

个啲人就笑，哎呀咧，[ka³³ti¹¹n̠in²⁴tsʰɪu¹¹sɪu⁵³，a³³ia⁰le⁰]

个件人着长蓝衫犁田个咧。[ka³³ka⁰n̠in²⁴ti¹¹tʃʰiɐŋ²⁴lɔŋ²⁴ʃɔŋ³³la²⁴tɐn²⁴ka⁰le⁰]

系好奇怪！[ha¹¹hao⁴⁴cʰi²⁴ko⁵³]

他听倒哩，洋洋得意。[ha⁴⁴tʰan³³tao⁴⁴le⁰，iɐŋ²⁴iɐŋ²⁴ta¹¹i⁵³]

我有，唔着呀？[haŋ¹¹iɪu³³，ŋ³³ti¹¹ia⁰]

团喊你冇啊，系谁喊你冇啦？[cɐn⁴⁴hɔŋ⁵³hɛi¹¹mao³³la⁰，ha¹¹ʃi²⁴hɔŋ⁵³hɛi¹¹mao³³la⁰]

有就爱着啦。[iɪu³³tsʰɪu¹¹u⁵³ti¹¹la⁰]

就，比喻自己有。[tsʰɪu¹¹，pi⁴⁴y⁴⁴tsɿ¹¹ci⁴⁴iɪu³³]

迟了除啦，[tʃʰi²⁴la⁰tʃʰy²⁴la⁰] 除：一阵子

一照北风一吹吹起来，[a³³tʃɪu⁵³pe¹¹fɐŋ³³a³³tʃʰy³³tʃʰy³³çi⁴⁴lu²⁴] 照：阵

个长蓝衫脚哩，吹反赴啦，[ka³³tʃʰiɐŋ²⁴lɔŋ²⁴ʃɔŋ³³ce¹¹le⁰，tʃʰy³³fɔŋ⁴⁴fu⁵³la⁰]

露出个臀头落秃。[lu¹¹tʃʰi¹¹ka³³tɐn²⁴tau⁴⁴lao³³tʰau¹¹] 臀头：屁股；落秃：光溜溜

个啲学生仔又笑啦，[ka³³ti¹¹hao³³ʃaŋ³³tsa⁴⁴iɪu¹¹sɪu⁵³la⁰]

哎呀咧，个件人无着裤个哩，[a³³ia⁰le⁰，ka³³cʰɐn¹¹ɲin²⁴mɑo³³ti¹¹fu⁵³ka⁰le⁰]

臀头落秃咧。[tɐn²⁴tau⁴⁴lɑo³³tʰau¹¹le⁰]

好，他又发牢骚喇，[hɑo⁴⁴，ha⁴⁴iɯ¹¹fo¹¹lɑo²⁴sɑo³³la⁰]

咒啦，具老娘个支，[tʃɯ⁵³la⁰，kʰɵy¹¹lɑo³³ɲiɐŋ²⁴ka⁰tʃi³³]

裤都冇得赴，[fu⁵³tu³³mɑo³³ta¹¹fu⁵³]

着团啊着，冇得着。[ti¹¹cɐn⁴⁴a⁰ti¹¹，mɑo³³ta¹¹ti¹¹]

大路边的破落地主

现在讲个故事，大路边人犁田。

以前啊，大路边有一户财主。到了下一代人，家道破落了，有钱变没钱了。早先，这个人呢，犁田时没衣服穿，就翻找到一件祖上留下来的长衫，看起来虽然旧了（但还能穿），就穿着去犁田了。他一边牵着牛，一边犁田。背上个犁，"啪啪"打着牛，犁田。

只见一帮学生路过，觉得奇怪："农民种田一般是穿着短衣、扎条毛巾的，怎么看到这么奇怪的，穿着长衫来犁田？"那帮人就在那里讥笑："那个人穿着长衫来耕田，好奇怪哦！"他听到了，洋洋得意地说："我有，干吗不穿呢？谁叫你没有啊，谁让你没有啦？有就要穿嘛！"言下之意是他自己有。

过了一会儿，一阵北风吹起，那个长衫的下方，被吹得反过来了，露出光溜溜的屁股。那些学生又笑他了，说："哎呀，这个人没穿裤子，屁股光溜溜！"这下可好，他又发牢骚了，开始骂："我裤子都没了，穿啥穿呢，没得穿！"

（一）黄兆星先生

　　黄兆星先生（图10-1右侧）是这部典藏语料的主要采访对象，从2017年年初开始，作者曾不下12次对他进行了专访。他是在星子镇区长大的，对星子、大路边一带的乡土习俗熟谙于心。他有很深厚的乡土感情，曾经自己主编过《星子志》。黄先生中气十足，发音标准，节奏感很好。虽然年逾八旬，但仍然腰板挺直，精神矍铄。他不厌其烦地配合我的问询，随着一次又一次的采访，我们加深了对连州乡土的了解。

10-1◆调查者（左一）与采访对象，2019年在摄像布景（红楼宾馆）前

黄先生近年来有些耳背，因此我们访谈时常常要靠近说话，采访者要加大音量。他本人声音洪亮，我们的访谈在外人看来音量大得异常，不知道的人还以为我们生气吵架了。所幸，先生非常有耐心，有时也借助纸笔，每条记录都能在达成理解的基础上充分落实。2022年夏天，我们再去补充条目，发现他戴上了助听器，整个人显得更加年轻了。在微信上，我说："看到您戴了助听器以后人更精神了，更加健朗。达观爽朗，您是我们后辈学习的榜样。"他回答："谢谢，人毕竟老了。"

　　2017年清明节，他还带着作者与王亚桥同学参加了他们家的祖坟祭拜，并带我们到第一线去了解清明风俗。黄先生一五一十地在现场讲解了清明祭祖的各个环节。

中国语言文化典藏

（二）与语言地理项目结缘

2016 年，我获得了国家社科基金重大项目"城镇化进程中农村方言文化的困境与出路研究"，担任首席专家。正好"中国语言文化典藏"第二辑启动，由我选定一个地点来做，我想着将来的几年要继续在连州各地奔波，就选定连州作为粤北土话的代表点。

几年下来，语言地理的调查完成过半，典藏的书稿也接近杀青。这期间，这两个项目是互相支持的。到各个乡镇去记录方言，也是拍摄民俗文化的大好机会；而因为要去寻访，本来在乡镇集中发音人的调查就干脆移到了村子里，在清水、龙潭、曹屋、东村、云雾、小东口、畔水、华村、姜田等地曾入住农家，在第一线观察与体验他们的生活，拍摄到一些生动的图片，这样也加深了我对连州方言生活的理解。本书的图片取材，来自全市各个乡镇的几十个村庄。

（三）微信群的讨论

我们建立了一个连州方言调查的微信群，里面有几十位当地发音人和热心方言文化的人士。我有些疑惑的难题，就在里面咨询，结果得到很好的回应。比如，有个"禾秆树"，堆稻草的垛子，我当时不明白是如何堆上去的，来自东陂镇的谢志强老师就画图示意，做了很好的解释。又如"酸菜"这个条目，经过县方志办徐贤坚主任（九陂镇人）和佛山一中黄永强老师（丰阳镇人）的不断补充，具体做法、吃法都有更充实的细节来支持了。

曹春生 2007《连州民俗大观》，广东经济出版社。

黄兆星主编 1998《星子志》，本地印刷。

连州市地方志编纂委员会 2011《连州市志》，广东人民出版社。

张双庆主编 2004《连州土话研究》，厦门大学出版社。

中国社会科学院语言研究所、中国社会科学院民族学与人类学研究所、香港城市大学语言资
讯科学研究中心 2012《中国语言地图集（第 2 版）·汉语方言卷》，商务印书馆。

索引

1. 索引收录本书"壹"至"捌"部分的所有条目，按条目音序排列。"玖"里的内容不收入索引。

2. 条目首字如是《现代汉语词典》（第7版）未收的字、方框"□"，统一归入"其他"类，列在索引最后，并标出整个词的音。

3. 条目中如有方框，在后面标出整个词的音。

4. 每条索引后面的数字为条目所在正文的页码。

中国语言文化典藏

连州

索引

325

中国语言文化典藏

承蒙曹志耘先生的信任与委托，本人从 2017 年开始着手这个课题，历经赴京学习、讨论，到粤北的连州市乡间调查、采风，在陋室撰写书稿。这期间，作者与当地居民进行深入的对话、一路上有所发现，深受启发，自得其乐，不觉之中忘记了春夏秋冬，一晃就过去了 5 年。

感谢"中国语言文化典藏"课题组！在语保工程负责人的领导下，全国开展了方言民俗文化的调查与展示。每次去北京语言大学学习，看到课题组成员摩拳擦掌、进行成果展示，内心既兴奋又心急。急的是如何学会那些视频制作技术，如何赶上节奏不拖后腿，如何把连州方言的民俗风貌以最妥当的方式展示出来。

黄世康先生是连州本地人，长期在宣传部门工作，熟悉本土，有比较充足的人脉资源，因此多数发音人都是通过他联系的。他让调查计划的不断推进有了根本的保证。

感谢黄兆星先生，他是本书主要条目的受访对象。黄先生出生于星子镇区，在党史办做过干部，阅历丰富，为人敦厚，言语风趣。在他的帮助下，很多平凡的器物都有了文化生命，其生动的细节与丰富的民俗内涵跃然纸上。他最后参与了全文校阅，纠正了一些错误。

廖有道先生（图 13-1 左侧），参与了本书一些录像、图片的摄制。2017 年，他陪我去了西岸、沙坊、星子拍摄，其余时段他独立拍摄了许多录像。黄永强先生也帮忙拍摄了 4 个主题的图片。

13-1 ◆ 花园假日酒店

此外，还需感谢热心的徐贤坚先生，他不仅帮我介绍过几位发音人，还提供了市自然村调查资料给我们参考。

一位在中山市的连州乡贤，值得感谢，他叫唐曦斐。年纪小我几岁，对乡土文化十分感兴趣，且有一定的了解。他参与了全文阅读，提供了新鲜的语料，协助改正了一些错误。星子的俗语，他提供了好几个条目。后期故事与山歌的转写，他也做了一些基础工作，纠正了一些错误。

13-2 ◆姜田

参加了全文校阅的师友有广东外语外贸大学的同事杨慧君及博士研究生王亚桥同学，他们为本文减少错误、增添亮色，我非常感激！2020年7月以来，研究生梁逸云、吴文治及本科生黄水英等同学参加了图片分类、词条索引等整理及校阅等相关工作。

参加这个典藏课题，我们也进行了一些文化思考。2020年去丰阳镇调查，了解到一位发音人第二天要去广州做超声波碎石。知道他因为胃不好，不适合吃酸。联想起来，这可能解决了我心中这几年的困惑：为什么连州人那么嗜酸？很可能与当地石灰岩地貌有关，这种环境水质含钙量高，若饮食上偏酸，有利于化解体内矿物质，阻碍结石的生成。与此看法可以印证的是，广西一带也是石灰岩地貌，正好是嗜酸成性的区域。有此一悟，不亦乐乎？

本书各个条目内容的采访及写作者为严修鸿（图13-2左）、魏慧斌（图13-2右），凡有技术性错误或失实情况，由本人承担责任。

严修鸿 魏慧斌

2022年4月15日

广州白云山下

图书在版编目（CIP）数据

中国语言文化典藏.连州/曹志耘，王莉宁，李锦芳主编；
严修鸿，魏慧斌著.—北京：商务印书馆，2022
ISBN 978-7-100-21520-6

Ⅰ.①中… Ⅱ.①曹… ②王… ③李… ④严… ⑤魏…
Ⅲ.①方言研究—连州 Ⅳ.① H17

中国版本图书馆 CIP 数据核字（2022）第 139060 号

中国语言文化典藏·连州

曹志耘　王莉宁　李锦芳　主编

严修鸿　魏慧斌　著

商务印书馆出版
（北京王府井大街 36 号　邮政编码 100710）
商务印书馆发行
南京爱德印刷有限公司印刷
ISBN 978-7-100-21520-6

2022 年 12 月第 1 版
2022 年 12 月第 1 次印刷
开本：787×1092　1/16
印张：21¼

定价：280.00 元